Documents diplomatiques

pour servir à l'étude

de la question Marocaine

PAR

E. ROUARD DE CARD
Professeur de Droit à l'Université de Toulouse
Associé de l'Institut de Droit international

AVEC 2 CARTES

A. PEDONE
LIBRAIRE-ÉDITEUR
13, RUE SOUFFLOT, 13

J. GAMBER
LIBRAIRE-ÉDITEUR
7, RUE DANTON, 7

1911

Documents diplomatiques

pour servir à l'étude

de la question Marocaine

DU MÊME AUTEUR :

LES TRAITÉS DE PROTECTORAT CONCLUS PAR LA FRANCE EN AFRIQUE
Paris, Pedone, 1897. Un volume in-8°. — Prix : **5** fr.

LES TRAITÉS ENTRE LA FRANCE ET LE MAROC
Paris, Pedone, 1898. Un vol. in-8° avec une carte. — Prix : **6** fr.

LES TERRITOIRES AFRICAINS ET LES CONVENTIONS FRANCO-ANGLAISES
Paris, Pedone, 1901. Un vol. in-8° avec sept cartes. — Prix : **8** fr.

LA FRANCE ET LES AUTRES NATIONS LATINES EN AFRIQUE
Paris, Pedone, 1903. Un vol. in-8° avec cinq cartes. — Prix : **5** fr.

LES RELATIONS DE L'ESPAGNE ET DU MAROC *pendant le XVIIIe et le XIXe siècles.*
Paris, Pedone, 1905. Un vol. in-8° avec 1 carte et 2 gravures. — Prix : **8** fr.

TRAITÉS DE LA FRANCE AVEC LES PAYS DE L'AFRIQUE DU NORD
ALGÉRIE, TUNISIE, TRIPOLITAINE ET MAROC
Paris, Pedone, 1906. Un vol. in-8°. — Prix : **12** fr.

TRAITÉS DE DÉLIMITATION CONCERNANT L'AFRIQUE FRANÇAISE
Paris, Pedone et Gamber, 1910. Un vol. in-8° avec 17 cartes. — Prix: **10** fr.

La frontière franco-marocaine et le protocole du 20 juillet 1901
Paris, Pedone, 1902. Br. in-8° avec une carte. — Prix : **1** fr. **50**

L'île de Peregil. Son importance stratégique, sa neutralisation.
Paris, Pedone, 1903. Br. gr. in-8°. Prix : **2** fr.

Le Protectorat de la France sur le Maroc
Paris, Pedone; Toulouse, Privat, 1905. Br. gr. in-8° — **2** fr. **50**

La politique de la France à l'égard de la Tripolitaine pendant le dernier siècle
Paris, Pedone; Toulouse, Privat, 1906. Br. gr. in-8°. Prix : **2** fr.

Les traités de commerce conclus par le Maroc avec les puissances étrangères
Paris, Pedone; Toulouse, Privat, 1907. Br. gr. in-8°. — Prix : **2** fr. **50**

Une Compagnie française dans l'empire du Maroc au XVIIe siècle
Paris, Pedone, 1908. Br. gr. in-8°. — Prix : **3** fr.

La France et la Turquie dans le Sahara oriental
Paris, Pedone et Gamber, 1910. Br. gr. in-8°. — Prix : **3** fr.

Documents diplomatiques

pour servir à l'étude

de la question Marocaine

PAR

E. ROUARD DE CARD

Professeur de Droit à l'Université de Toulouse
Associé de l'Institut de Droit international

AVEC 2 CARTES

A. PEDONE
LIBRAIRE-ÉDITEUR
13, RUE SOUFFLOT, 13

J. GAMBER
LIBRAIRE-ÉDITEUR
7, RUE DANTON, 7

1911

AVANT-PROPOS

Pour la première fois, la question marocaine fut soulevée à propos de la Conférence de Madrid en 1880[1]. Elle attira l'attention des diplomates et des jurisconsultes, mais elle passa presque inaperçue pour toutes les autres personnes.

Il fallut un coup de théâtre pour la mettre en pleine lumière.

Lorsque, le 31 mars 1905, l'Empereur d'Allemagne débarqua à Tanger[2], on reconnut que cette question, susceptible de troubler la paix de l'Europe, ne pouvait être considérée comme négligeable et qu'elle méritait au contraire d'être examinée avec le plus grand soin. Tel fut le sentiment général qui se manifesta à l'époque et, depuis lors, ce sentiment n'a fait que s'accentuer.

Aujourd'hui, beaucoup de gens, appartenant aux diverses professions et aux diverses classes de la société, font de louables efforts pour se mettre au courant de l'*Affaire marocaine*, si complexe et si délicate. Malheureusement, la tâche qu'ils n'hésitent pas à s'imposer présente de très grandes difficultés.

1. Cette conférence avait été réunie pour réglementer la protection diplomatique et consulaire.

2. Exaspéré par la politique de M. Delcassé qui tendait à isoler l'Allemagne, Guillaume II résolut d'aller à Tanger pour mettre notre ministre des affaires étrangères en mauvaise posture.

Cette manifestation bruyante eut le résultat qu'en attendait son auteur : M. Delcassé, n'étant pas d'accord avec M. Rouvier, président du Conseil, se vit contraint d'abandonner son portefeuille à la date du 6 juin 1905.

En effet, pour déterminer les droits particuliers que la France peut opposer aux nations rivales, il est indispensable de connaître et d'analyser non seulement les traités et accords qu'elle a conclus avec le Maroc lui-même et avec divers Etats, mais encore les conventions internationales auxquelles elle a participé et que ses représentants ont signées.

Or, on a quelques peine à découvrir ces traités, accords et conventions qui se trouvent disséminés dans des *livres jaunes* assez nombreux [1] et très touffus [2]. De plus, quand on a eu la chance de les retrouver, on ne sait comment les rattacher les uns aux autres, parce qu'ils ont été conclus par des nations différentes et dans des circonstances variées.

Me rendant compte de toutes ces difficultés, j'ai pensé qu'il serait utile de reproduire, en les classant de façon méthodique, tous ces documents nécessaires pour comprendre la question marocaine.

Je les ai répartis en trois groupes :

Traités et accords conclus par la France avec le Maroc;

Accords entre la France et divers Etats au sujet du Maroc;

Conventions internationales concernant le Maroc.

Parmi les traités, accords et conventions dont je me suis occupé, la plupart ont été officiellement publiés, mais quelques-uns sont demeurés secrets [3].

---

1. Le ministère des affaires étrangères, de 1901 à 1910, a fait paraître cinq livres jaunes relatifs aux affaires du Maroc et un relatif aux accords avec l'Espagne.

Antérieurement, en 1880, il avait fait paraître un autre livre jaune relatif à la question de la protection diplomatique et consulaire au Maroc.

2. Chaque livre jaune contient des pièces très variées: notes, circulaires, dépêches, instructions, etc.

3. Si ces traités secrets rentraient dans l'énumération de l'article 8 de la constitution du 16 juillet 1875, ils seraient dépourvus d'efficacité faute d'avoir été approuvés par les Chambres.

On doit, du reste, considérer la pratique des conventions secrètes comme peu conforme au régime parlementaire.

Pour les premiers, je donne la date exacte et je reproduis les clauses intégralement. Pour les seconds, j'indique la date d'une façon approximative et je me borne à faire connaître le sens probable des stipulations.

Puisse ce petit recueil, en facilitant l'étude de la *question marocaine*, venir en aide à tous ceux qui travaillent à maintenir la situation privilégiée de la France dans l'Empire chérifien et qui, de la sorte, contribuent à consolider son influence dans l'Afrique du Nord toute entière !

Documents diplomatiques

pour servir à l'étude

de la question Marocaine

SECTION I

Traités et accords conclus par la France avec le Maroc

Le traité de paix signé à Tanger le 10 septembre 1844, entre la France et le Maroc [1], contenait des dispositions particulièrement importantes :

D'abord, aux termes de l'article 5, la délimitation des frontières entre l'Algérie et le Maroc « restait fixée con-
» formément à l'état de choses reconnu par le gouvernement
» marocain au temps de l'occupation des Turcs en Algérie.
» Elle devait faire l'objet d'une convention spéciale négociée
» et conclue sur les lieux, entre les plénipotentiaires dési-
» gnés à cet effet par l'Empereur des Français et l'Empe-
» reur du Maroc. »

Ensuite, aux termes de l'article 7 : « Les deux Hautes
» parties contractantes s'engageaient à procéder de bon ac-
» cord et le plus promptement possible, à la conclusion d'un
» nouveau traité qui, basé sur les traités en vigueur, devait
» avoir pour but de les consolider et de les compléter dans

1. Ce traité, étant visé dans les accords franco-marocains du 20 avril 1902 et du 4 mars 1910, nous croyons devoir le reproduire intégralement ci-après.

» l'intérêt des relations politiques et commerciales des » Empires. En attendant, les anciens traités devaient être » scrupuleusement respectés et observés dans toutes leurs » clauses. »

Ces deux clauses ne furent pas l'une et l'autre exécutées.

Un traité de délimitation fut bien signé le 18 mars 1845 par le général comte de la Rue, commissaire français, et par le pacha Sid Ahmida ben Ali, commissaire marocain [1]; mais aucun traité général de commerce et de navigation ne fut substitué aux anciennes stipulations. Les relations commerciales et maritimes entre les deux pays continuèrent à être régies par le traité du 28 mai 1767 que les articles additionnels du 17 mai 1825 et du 28 mai 1825 avaient confirmé et complété [2]. La France pendant de longues années se borna à invoquer le bénéfice du *traitement de la nation la plus favorisée* [3]. et à profiter ainsi des avantages reconnus aux autres puissances. Cependant, en présence du succès remporté en 1890 par la diplomatie allemande [4], elle se décida à sortir de son indifférence et elle entama des négociations avec le Maghzen. Sous la forme de lettres chérifiennes datées du 24 octobre 1892, son représentant, M. le Comte d'Aubigny obtint de Moulay-Hassan des concessions particulières assez importantes [5].

Tels furent les seuls traités qui intervinrent entre la France et le Maroc pendant le cours du XIXe siècle.

Depuis le commencement du siècle actuel, de nouvelles conventions ont dû être négociées et conclues à la suite des

---

1. Ce traité étant visé dans le protocole du 20 juillet 1901 et aussi dans les accords du 20 août 1902 et du 4 mars 1910, nous croyons devoir les reproduire intégralement ci-après.

2. Sur ces traités, consultez notre ouvrage : *Les Traités entre la France et le Maroc*, p. 35 et 211.

3. Ce bénéfice était déjà assuré à la France par le traité du 28 mai 1825 et par le traité du 10 septembre 1844.

4. Traité de commerce entre le Maroc et l'Allemagne signé le 1er juin 1890. Voir notre monographie : *Les Traités de commerce conclus par le Maroc avec les puissances étrangères*, p. 72.

5. Au sujet de ces lettres, consultez notre ouvrage : *Les Traités entre la France et le Maroc*, p. 88 et 234.

évènements plus ou moins graves qui ont troublé les relations des deux pays voisins. Sur les confins algéro-marocains, les incidents se sont multipliés faute d'une délimitation précise et complète [1] : les incursions de tribus sur notre territoire, attaques de nos postes et pillages de nos convois se sont répétés d'une façon inquiétante [2].

Pour empêcher le renouvellement de ces faits, le gouvernement français a jugé nécessaire de s'entendre avec le Maghzen, Il a conclu avec lui des accords qui complétant et précisant le traité du 18 mars 1845, devaient contribuer à assurer la tranquillité et la sécurité de la région frontière ;

Protocole conclu à Paris le 20 juillet 1901 ;

Accord complémentaire conclu à Alger le 20 avril 1902;

Articles additionnels à l'accord du 20 avril 1902, signés à Alger le 7 mai 1902;

Ces trois accords ont eu pour objet :

a) de donner à certaines tribus le droit d'opter entre l'autorité française et l'autorité marocaine;

b) d'installer des postes de garde et des postes de douane dans les régions limitrophes;

c) d'établir des marchés et de percevoir des taxes spéciales dans les régions limitrophes [3];

d) d'établir dans les Beni-Smir deux gardes, l'une française et l'autre marocaine [4];

e) de faire désigner par les deux gouvernements des commissaires chargés de régler les différends survenus entre les tribus limitrophes.

En outre des trois arrangements de 1901 et 1902, un nouvel accord a été signé à Paris le 4 mars 1910 entre M. Pichon, ministre des affaires étrangères et les ambassadeurs de Sa Majesté Chérifienne.

---

1. La délimitation faite par ce traité était vague et incomplète Consultez le même ouvrage, p. 101.

2. Voir à ce sujet notre brochure : *La frontière franco-marocaine et le protocole du* 20 *juillet* 1901. p. 7.

3. Au début de l'année 1911, tous ces marchés, sauf celui de Debdou, étaient établis.

4. Le poste d'El-Ardja établi dans les Beni-Smir n'a pas été maintenu.

Ce nouvel accord a eu pour objet :

a) de déterminer les conditions pour l'évacuation éventuelle de la Chaouya et de Casablanca [1];

b) de déterminer les conditions pour l'évacuation éventuelle d'Oudjda [2];

c) de déterminer les conditions pour l'évacuation éventuelle des Beni-Snassen [3];

d) de déterminer les conditions pour l'évacuation éventuelle Bou-Denib et Bou-Anane [4];

e) d'assurer le maintien du poste français de Berguent, moyennant une indemnité [5];

f) de régler la perception de l'amende imposée aux tribus Chaouya;

g) d'assurer le remboursement des dépenses militaires occasionnées par l'occupation des troupes françaises dans l'Empire chérifien [6];

h) de faciliter la conclusion par le gouvernement marocain d'un emprunt destiné au règlement de créances internationales et d'indemnités fixées par la commission de Casablanca [7].

---

1. Casablanca fut occupée après l'assassinat de trois ouvriers français qui eut lieu dans cette ville le 30 juillet 1907. *Bulletin du Comité de l'Afrique française*, 1907, p. 284.

2. Oudjda fut occupée après l'assassinat du docteur Mauchamp qui eût lieu le 19 mars 1907. *Bulletin du Comité de l'Afrique française*, 1907, p. 129.

3. La région de Beni-Snassen fut occupée après les violations de notre frontière qui furent commises par plusieurs tribus marocaines les 26 et 27 octobre 1907, *Bulletin du Comité de l'Afrique française*, 1907, p. 441.

4. Le ksar de Bou-Denib et celui de Bou-Anane ont été occupés après le combat très vif du 13 mai 1908. *Bulletin du Comité de l'Afrique française*, 1908, p. 179 et 220.

5. Le poste de Berguent (Ras-el-Aïn) fut créé à la suite d'une reconnaissance faite le 15 juin 1904 sous les ordres du commandant Henrys. *Bulletin du Comité de l'Afrique française*, 1904, p. 234 et 265.

6. Ces dépenses se montaient à 70 millions.

7. Cet emprunt s'élevait à 90 millions.

DOCUMENT N° 1

Convention conclue à Tanger, le 10 septembre 1844, pour régler et terminer les différends survenus entre la France et le Maroc.

S. M. l'Empereur des Français, d'une part, et S. M. l'Empereur du Maroc, Roi de Fez et de Suz, de l'autre part, désirant régler et terminer les différends survenus entre la France et le Maroc et rétablir conformément aux anciens traités, les rapports de bonne entente qui ont été un instant suspendus entre les deux Empires, ont nommé et désigné pour leurs Plénipotentiaires :

S. M. l'Empereur des Français, le sieur Antoine-Marie-Daniel Doré de Nion, officier de la Légion d'honneur, chevalier de l'ordre royal d'Isabelle-la-Catholique, chevalier de première classe de l'ordre Grand-ducal de Louis de Hesse, son consul général et chargé d'affaires près S. M. l'Empereur du Maroc, et le sieur Louis-Charles-Elie Decazes, comte Decazes, duc de Glücksberg, chevalier de l'ordre royal de la Légion d'honneur, commandeur de l'ordre royal de Danebrog et de l'ordre royal de Charles III d'Espagne, chambellan de S. M. Danoise, chargé d'affaires de S. M. l'Empereur des Français près S. M. l'Empereur du Maroc;

Et S M. l'Empereur du Maroc, Roi de Fez et de Suz, l'agent de la Cour très élevée par Dieu, Sid-Bou-Selam-Ben-Ali, lesquels ont arrêté les stipulations suivantes :

Article premier. — Les troupes marocaines réunies extraordinairement sur la frontière des deux Empires, ou dans le voisinage de ladite frontière seront licenciées. S. M l'Empereur du Maroc s'engage à empêcher désormais tout rassemblement de cette nature. Il restera seulement, sous le commandement du caïd de Oueschda (Oudjda), un corps dont la force ne pourra excéder habituellement deux mille (2,000) hommes. Ce nombre pourra toutefois être augmenté si des circonstances extraordinaires, et reconnues telles par les deux Gouvernements, le rendent nécessaire dans l'intérêt commun.

Art. 2. — Un châtiment exemplaire sera infligé aux chefs marocains qui ont dirigé ou toléré les actes d'agression commis en temps de paix sur le territoire de l'Algérie contre les troupes de S. M. l'Empereur des Français [1].

Le Gouvernement marocain fera connaître au Gouvernement français les mesures qui auront été prises pour l'exécution de la présente clause.

Art. 3. — S. M l'Empereur du Maroc s'engage de nouveau, de la manière la plus formelle et la plus absolue, à ne donner, ni permettre qu'il soit donné, dans ses Etats, ni assistance, ni secours en argent, munitions ou objets quelconques de

1. Voir au sujet de l'affaire de Lalla-Maghnia notre ouvrage *Les Traités entre la France et le Maroc*, p. 39.

guerre à aucun sujet rebelle ou à aucun ennemi de la France.

Art 4. — Hadj-Abd-el-Kader est mis hors la loi dans toute l'étendue de l'Empire du Maroc, aussi bien qu'en Algérie. Il sera, en conséquence, poursuivi à main armée par les Français sur le territoire de l'Algérie, et par les Marocains sur leur territoire, jusqu'à ce qu'il en soit expulsé ou qu'il soit tombé au pouvoir de l'une ou l'autre nation. Dans le cas où Abd-el-Kader tomberait au pouvoir des troupes françaises, le gouvernement de S. M. l'Empereur des Français s'engage à le traiter avec égard et générosité. Dans le cas où Abd-el-Kader tomberait au pouvoir des troupes marocaines, S. M. l'Empereur du Maroc s'engage à l'interner dans une des villes du littoral-ouest de l'Empire jusqu'à ce que les deux Gouvernements aient adopté de concert les mesures indispensables pour qu'Abd-el-Kader ne puisse, en aucun cas, reprendre les armes et troubler de nouveau la tranquillité de l'Algérie et du Maroc [1].

Art. 5. — La délimitation des frontières entre les possessions de S. M l'Empereur des Français et celles de S. M. l'Empereur du Maroc reste fixée et convenue conformément à l'état de choses reconnu par le Gouvernement marocain à l'époque de la domination des Turcs en Algérie. L'exécution complète et régulière de la présente clause fera l'objet d'une convention spéciale négociée et

1. Abd-el-Kader fit sa soumission au général de Lamoricière, le 23 décembre 1847. Même ouvrage p. 64.

conclue sur les lieux entre les Plénipotentiaires désignés à cet effet par S. M. l'Empereur des Français et un délégué du Gouvernement marocain. S. M. l'Empereur du Maroc s'engage à prendre sans délai, dans ce but, les mesures convenables, et à en informer le Gouvernement français.

Art. 6. — Aussitôt après la signature de la présente Convention, les hostilités cesseront de part et d'autre. Dès que les stipulations comprises dans les articles 1, 2, 4 et 5 auront été exécutées à la satisfaction du Gouvernement français, les troupes françaises évacueront l'île de Mogador ainsi que la ville de Oueschda (Oudjda), et tous les prisonniers faits de part et d'autre seront remis immédiatement à la disposition des deux nations respectives.

Art. 7. — Les deux H. P. C. s'engagent à procéder de bon accord, et le plus promptement possible, à la conclusion d'un nouveau traité qui, basé sur les traités actuellement en vigueur, aura pour but de les consolider et de les compléter dans l'intérêt des relations politiques et commerciales des deux Empires. En attendant, les anciens traités seront scrupuleusement respectés et observés dans toutes leurs clauses, et la France jouira, en toute chose et en toute occasion, du traitement de la nation la plus favorisée [1].

Art. 8. — La présente Convention sera rati-

1. La France bénéficiait déjà de ce traitement en vertu de l'article 5 du traité du 28 mai 1767 et de l'article additionnel du 28 mai 1825.

fiée et les ratifications en seront échangées dans un délai de deux mois ou plus tôt si faire se peut.

Cejourd'hui, le 10 septembre de l'an de grâce 1844 (correspondant au 25 du mois de chaaban de l'an de l'Hégire 1260) les plénipotentiaires ci-dessus désignés de leurs Majestés les Empereurs des Français et du Maroc, ont signé la présente convention et y ont apposé leurs sceaux respectifs.

Ant. M. O. Doré de Nion. (Place du cachet du
Decazes, duc de Glucksberg. Plénipoten. maroc.)

DOCUMENT N° 2

Traité de délimitation conclu, le 18 mars 1845, entre les Plénipotentiaires de l'Empereur des Français et de l'Empereur du Maroc.

Louanges à Dieu Unique ! Il n'y a de durable que le Royaume de Dieu !

Traité conclu entre les Plénipotentiaires de l'Empereur des Français et des possessions de l'Empire d'Algérie et de l'Empereur de Maroc, de Suz, de Fez et des possessions de l'Empire d'Occident.

Les deux Empereurs animés d'un égal désir de consolider la paix heureusement rétablie entre eux, et voulant, pour cela, régler de manière définitive l'exécution de l'article 5 du traité du 10 septembre de l'an de grâce 1844 (24 chaaban de l'an 1260 de l'Hégire).

Ont nommé pour leurs Commissaires plénipotentiaires à l'effet de procéder à la fixation exacte et définitive de la limite de souveraineté entre les deux Pays, savoir :

L'Empereur des Français, le sieur Aristide-Isidore, comte de la Rue, Maréchal de camp dans ses armées, commandeur de l'Ordre impérial de la Légion d'honneur, commandeur de l'ordre d'Isabelle la Catholique et chevalier de deuxième classe de l'Ordre de Saint Ferdinand d'Espagne

L'Empereur du Maroc, le Sid Ahmida-Ben-

Ali-el-Sudjâaï, Gouverneur d'une des provinces de l'Empire.

Lesquels, après s'être réciproquement communiqué leurs pleins pouvoirs, sont convenus des articles suivants dans le but du mutuel avantage des deux pays et d'ajouter aux liens d'amitié qui les unissent :

Article premier. — Les deux plénipotentiaires sont convenus que les limites qui existaient autrefois entre le Maroc et la Turquie resteront les mêmes entre l'Algérie et le Maroc. Aucun des deux Empires ne dépassera la limite de l'autre; aucun d'eux n'élèvera à l'avenir de nouvelles constructions sur le tracé de la limite; elle ne sera pas désignée par des pierres. Elle restera, en un mot, telle qu'elle existait entre les deux pays avant la conquête de l'Empire d'Algérie par les Français.

Art. 2. — Les Plénipotentiaires ont tracé la limite au moyen des lieux par lesquels elle passe et touchant lesquels ils sont tombés d'accord, en sorte que cette limite est devenue aussi claire et aussi évidente que le serait une ligne tracée. Ce qui est à l'Est de cette ligne frontière appartient à l'Empire d'Algérie. Tout ce qui est à l'Ouest appartient à l'Empire du Maroc.

Art. 3. — La désignation du commencement de la limite et des lieux par lesquels elle passe est ainsi qu'il suit : cette ligne commence à l'embouchure de l'Oued (c'est-à-dire cours d'eau) Adjeroud dans la mer, elle remonte avec ce cours d'eau jusqu'au gué où il prend le nom de Kis; puis elle remonte encore le même cours d'eau jusqu'à la source qui est nommée Ras-el-Aïoun, et qui se trouve au pied des trois collines portant le nom de Menasseb-Kis, lesquelles, par leur situation à l'Est de l'oued, appartiennent à l'Algérie. De Ras-el-Aïoun, cette même ligne remonte sur la crête des montagnes avoisinantes jusqu'à ce qu'elle arrive à Drâ-el-Doum; puis elle descend dans la plaine nommée El-Aoudj. De là, elle se dirige à peu près en ligne droite sur Haouch-Sidi-Aïèd. Toutefois, le Haouch lui-même reste à cinq cents coudées (250 mètres) environ, du côté de l'Est, dans les limites algériennes. De Haouch-Sidi-Aïèd, elle va sur Djerf-el-Baroud, situé, sur l'oued Bou-Naïm; de là elle arrive à Kerkour-Sidi-Hamza; de Kerkour-Sidi-Hamza à Zoudj-el-Beghal; puis longeant à gauche le pays des Ouled-Ali-ben-Talha jusqu'à Sidi-Zahir, qui est sur le territoire algérien, elle remonte la grande route jusqu'à Aïn-Takbalet, qui se trouve entre l'oued Bou-Erda et les deux oliviers nommés El-Toumiet qui sont sur le territoire marocain. De Aïn-Takbalet, elle remonte avec l'Oued Roubban jusqu'à Ras-Asfour; elle suit au delà de Kef en laissant à l'Est le marabout Sidi-Abd-Allah-ben-Mehammed-el-Hamlili; puis, après s'être dirigée vers l'Ouest, en suivant le col de El-Mechêmiche, elle va en ligne droite jusqu'au Marabout de Sidi-Aïssa, qui est la fin de la plaine de Missiouin. Ce marabout et ses dépendances sont sur le territoire algérien. De là, elle court vers le Sud jusqu'à Koudiet-el-Debbagh, colline située sur la limite extrême du Tell (c. a. d. le pays cultivé). De là, elle prend la direction Sud jusqu'à Kheneg-el-Hada, d'où elle marche sur Tenïet-el-Sassi, col dont la jouissance appartient aux deux Empires.

Pour établir plus nettement la délimitation à partir de la mer jusqu'au commencement du désert, il ne faut point omettre de faire mention et du terrain qui touche immédiatement à l'Est la ligne sus-désignée et du nom des tribus qui y sont établies.

A partir de la mer, les premiers territoires et tribus sont ceux de Beni-Mengouche-Tahta et de Aâttia. Ces deux tribus se composent de sujets marocains qui sont venus habiter sur le territoire de l'Algérie, par suite de graves dissentiments soulevés entre eux et leurs frères du Maroc. Ils s'en séparèrent à la suite de ces dissensions et vinrent chercher un refuge sur la terre qu'ils occupent aujourd'hui et dont ils n'ont pas cessé jusqu'à présent d'obtenir la jouissance du souverain de l'Algérie, moyennant une redevance annuelle.

Mais le Commissaire Plénipotentiaire de l'Empereur des Français, voulant donner au Représentant de l'Empereur du Maroc une preuve de la générosité française et des dispositions à resserrer l'amitié et à entretenir les bonnes relations entre les deux Etats, a consenti au Représentant marocain, à titre de don d'hospitalité, la remise de cette redevance annuelle (cinq cents francs pour chacune des deux tribus), de sorte que les deux tribus sus-nommées n'auront rien à payer, à aucun titre que ce soit, au Gouvernement d'Alger, tant que la paix et la bonne intelligence dureront entre les deux Empereurs des Français et du Maroc.

Après le territoire des Aâttïa vient celui de Messirda, des Achâche, des Ouled-Mellouk, des Beni-Bou-Saïd, des Beni-Senous et des Ouled-el-Nahr. Ces six dernières tribus font partie de celles qui sont sous la domination de l'Empire d'Alger.

Il est également nécessaire de mentionner le territoire qui touche immédiatement, à l'Ouest, la ligne sus-désignée, et de nommer les tribus qui habitent sur ce territoire, à portée de la mer. Le premier territoire et les premières tribus sont ceux des Ouled-Mansour-Rel-Trifa, ceux des Beni-Iznêsen, des Mezaouir, des Ouled-Ahmed-ben-Brahim, des Ouled-el-Abbès, des Ouled-Ali-ben-Talha, des Ouled-Azouz, des Beni-Bou-Hamdoun, de Beni-Hamlil et des Beni-Mathar-Rel-Ras-el-Aïn. Toutes ces tribus dépendent de l'Empire du Maroc.

Art. 4. — Dans le Sahara (désert), il n'y a pas de limite territoriale à établir entre les deux pays, puisque la terre ne se laboure pas et qu'elle sert seulement de pacage aux Arabes des deux Empires qui viennent y camper pour y trouver les pâturages et les eaux qui leur sont nécessaires. Les deux Souverains exerceront de la manière qu'ils l'entendront toute la plénitude de leurs droits sur leurs sujets respectifs dans le Sahara. Et, toutefois, si l'un des deux Souverains avait à procéder contre ses sujets, au moment où ces sujets seraient mêlés avec ceux de l'autre Etat, il procédera comme il l'entendra sur les siens, mais il s'abstiendra envers les sujets de l'autre Gouverment.

Ceux des Arabes qui dépendent de l'Empire

du Maroc, sont : les M'bèïa, les Beni-Guil, les Hamian-Djenba, les Eûmour-Sahara et les Ouled-Sidi-Cheikh-el-Gharaba.

Ceux des Arabes qui dépendent de l'Algérie sont : les Ouled-Sidi-Cheikh-el-Cheraga, et tous les Hamian, excepté les Hamian-Djenba susnommés.

Art. 5. — Cet article est relatif à la désignation des kessours (villages du désert) des deux Empires. Les deux Souverains suivront, à ce sujet, l'ancienne coutume établie par le temps, et accorderont, par considération l'un pour l'autre, égards et bienveillance aux habitants de ces kessours.

Les kessours qui appartiennent au Maroc sont ceux de Yiche et de Figuigue.

Les kessours qui appartiennent à l'Algérie sont : Aïn-Safra, S'fissifa, Assla, Tiout, Chellala, El-Abiad et Bou-Semghoune.

Art. 6. — Quand au pays qui est au Sud des kessours des deux Gouvernements, comme il n'y a pas d'eau, qu'il est inhabitable et que c'est le désert proprement dit, la délimitation en serait superflue.

Art. 7. — Tout individu qui se réfugiera d'un Etat dans l'autre ne sera pas rendu au Gouvernement qu'il aura quitté par celui auprès duquel il se sera réfugié, tant qu'il voudra y rester.

S'il voulait, au contraire, retourner sur le territoire de son gouvernement, les autorités du lieu où il se sera réfugié ne pourront apporter la moindre entrave à son départ. S'il veut rester, il se conformera aux lois du pays et il trouvera protection et garantie pour sa personne et ses biens. Par cette clause les deux Souverains ont voulu se donner une marque de leur mutuelle considération. Il est bien entendu que le présent article ne concerne en rien les tribus : l'Empire auquel elles appartiennent étant suffisamment établi dans les articles qui précèdent.

Il est notoire aussi que El-Hadj-Abd-el-Kader et tous ses partisans ne jouiront pas du bénéfice de cette Convention, attendu que ce serait porter atteinte à l'article 4 du traité du 10 septembre de l'an 1844, tandis que l'intention formelle des Hautes Parties contractantes est de continuer à donner force et vigueur à cette stipulation émanée de la volonté des deux Souverains, et dont l'accomplissement affirmera l'amitié et assurera pour toujours la paix et les bons rapports entre les deux Etats.

Le présent traité, dressé en deux exemplaires, sera soumis à la ratification et au scel des deux Empereurs, pour être ensuite fidèlement exécuté.

L'échange des ratifications aura lieu à Tanger, sitôt que faire se pourra.

En foi de quoi, les Commissaires Plénipotentiaires sus-nommés ont apposé au bas de chacun des exemplaires leurs signatures et leurs cachets.

Fait sur le territoire français voisin des limites, le 18 mars 1845 (9 de rabïâ-el-oouel, 1261 de l'Hégire). — Puisse Dieu améliorer cet état de choses dans le présent et dans le futur !

Le général Comte de la Rue. Ahmida-Ben-Ali.

DOCUMENT N° 3

Protocole intervenu le 20 juillet 1901 entre M. Delcassé, Ministre des Affaires étrangères de la République française, et Si Abdelkerim ben Sliman, Ministre des Affaires étrangères et Ambassadeur plénipotentiaire de S. M. Chérifienne auprès du Gouvernement de la République française, portant application et exécution du traité de 1845 dans la région du Sud-Ouest Algérien.

Le Gouvernement français et le Gouvernement chérifien se sont mis d'accord sur les stipulations suivantes dans le but de consolider les liens d'amitié existant entre eux et de développer leurs bons rapports réciproques, en prenant pour base le respect de l'intégrité de l'Empire chérifien, d'une part, et, d'autre part, l'amélioration de la situation de voisinage immédiat, qui existe entre eux, pour tous les arrangements particuliers que nécessitera ledit voisinage.

Article premier. — Les dispositions du traité de paix, de bonne amitié et de délimitation, conclu entre les deux puissances en 1845, sont maintenues, à l'exception des points visés dans les articles suivants :

Art. 2. — Le Makhzen pourra établir des postes de garde et de douane en maçonnerie ou sous une autre forme, à l'extrémité des territoires des tribus qui font partie de son Empire, depuis le lieu connu sous le nom de Teniet-essassi, jusqu'au qçar de Isch et au territoire de Figuig.

Art. 3. — Les gens des qçour de Figuig et de la tribu des Amour-Sahra continueront à user, comme par le passé, de leurs plantations, eaux, champs de culture, pâturages, etc., et, s'ils en possèdent au-delà de la ligne du chemin de fer du côté de l'Est, ils pourront en user entièrement, comme par le passé, sans qu'il puisse leur être suscité d'obstacle ou d'empêchement.

Art. 4. — Le Gouvernement marocain pourra établir autant de postes de garde et de douane qu'il voudra du côté de l'Empire marocain, au-delà de la ligne qui est considérée approximativement comme la limite de parcours des Doui-Menia et des Ouled-Djerir et qui va de l'extrémité du territoire de Figuig à Sidi-Eddaher, traverse l'Oued-Elkheroua et atteint, par le lieu connu sous le nom d'Elmorra, le confluent de l'Oued-Telzaza et de l'Oued-Guir. Il pourra également établir des postes de garde et de douane sur la rive occidentale de l'Oued-Guir, du confluent des deux rivières susdites jusqu'à quinze kilomètres au-dessus du qçar d'Igli.

De même le Gouvernement français pourra établir des postes de garde et de douane sur la ligne voisine de Djenan-ed-Dar, passant sur le versant oriental du Djebel Bechar et suivant cette direction jusqu'à l'Oued-Guir.

Art. 5. — La situation des habitants du territoire compris entre les lignes de postes des deux

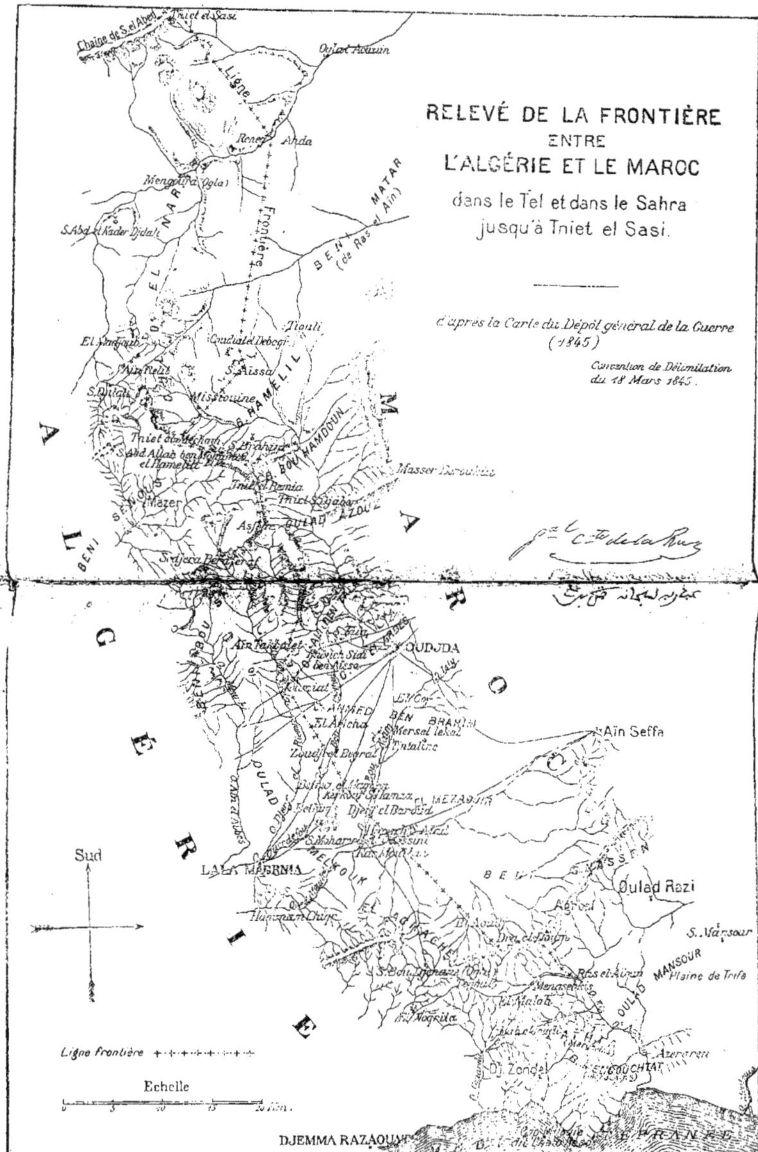

Lespinasse, del. Paris

pays indiqués ci-dessus est réglée de la façon suivante :

Pour ce qui concerne les gens des tribus des Doui-Menia et des Ouled-Djerir, les deux Gouvernements nommeront des Commissaires qui se rendront auprès d'elles et leur laisseront le choix de celui des deux Gouvernements sous l'autorité duquel ils seront placés. Ceux qui choisiront l'autorité française seront maintenus dans leur résidence et ceux qui choisiront l'autorité marocaine seront transportés de ce territoire à l'endroit que le Gouvernement marocain leur assignera comme résidence dans son Empire, et auront la faculté de conserver leurs propriétés et de les faire administrer par des mandataires ou de les vendre à qui ils voudront.

Les gens fixés sur le territoire susdit et vivant sous la tente, autres que les Doui-Menia et les Ouled-Djerir, demeureront sous l'autorité de l'Empire marocain et pourront y conserver leur résidence.

Les gens des qçour du territoire susdit auront le choix de l'autorité qui les administrera et pourront, en tout cas, continuer à habiter sur leur territoire.

Art. 6. — Tous les gens relevant de l'autorité algérienne qui possèdent des propriétés, plantations, eaux, champs, etc., sur le territoire de l'Empire marocain, pourront les administrer à leur gré. Ils en sera de même pour ceux qui relèvent de l'autorité marocaine et qui possèdent des propriétés sur le territoire algérien.

Art. 7. — Dans le but de maintenir les bonnes relations entre les tribus voisines relevant des deux Gouvernements, d'établir la paix et de développer le commerce entre elles, les deux Gouvernements ont stipulé que leurs sujets respectifs pourraient se rendre librement sur le territoire compris entre les postes des deux pays et indiqué dans les articles 4 et 5, pour y faire du commerce ou dans tout autre but sans qu'on puisse leur réclamer de droits.

Art. 8. — Les deux Gouvernements ont convenu que les Commissaires indiqués à l'article 5 fixeraient sur place tous les points de garde et de douane spécifiés, pour le Gouvernement marocain, aux articles 2 et 4.

Art. 9. — Il a été convenu entre les deux Gouvernements que désormais ils ne s'imputeraient pas réciproquement la responsabilité des réclamations qui surviendraient à l'avenir entre les tribus des deux pays et ne se réclameraient de ce fait aucune indemnité pécuniaire, cela dans le but d'éviter des difficultés qui sont soulevées périodiquement à ce sujet entre les deux Gouvernements.

Chacun des deux Gouvernements désignera annuellement deux Commissaires, l'un pour la région du Nord et l'autre pour la région du Sud, pour discuter et régler au mieux et sans retard les réclamations qui surviendront entre les tribus et les autorités locales respectives leur prêteront l'appui nécessaire pour faire rendre justice par les intéressés.

Le Commissaire du Makhzen dans le Nord se rendra à Marnia pour étudier et régler les contestations des tribus marocaines avec le Commissaire du Gouvernement de l'Algérie dans les conditions sus-énoncées. De même, le Commissaire du Makhzen dans la région du Sud se rendra dans la région de Djenan-ed-Dar, pour étudier et régler les réclamations des tribus marocaines avec le Commissaire français, dans les conditions sus-énoncées.

De même, le Commissaire du Gouvernement de l'Algérie pour les réclamations des tribus algériennes dans la région du Nord se rendra à Oudjda, et le Commissaire pour les réclamations de la région du Sud se rendra à Figuig.

Ecrit à Paris le 20 juillet 1901, correspondant au 3 Rabi II 1319.

DELCASSÉ, ABDELKERIM BEN SLIMAN.

DOCUMENT N° 4

Accord intervenu le 20 avril 1902 entre les Chefs des deux missions constituant la Commission franco-marocaine, chargée d'assurer les résultats visés dans le Protocole signé à Paris le 20 juillet 1901.

En vue d'obtenir les résultats visés par le protocole conclu à Paris entre le Ministre des Affaires étrangères du Gouvernement français, au mois de juillet 1901, et pour arriver à établir solidement la paix, la sécurité et un mouvement commercial destiné à rendre plus riches et plus peuplées les régions limitrophes algériennes et marocaines, le Général Cauchemez, chef de la Mission française, et le fequih Si Mohammed El Guebbas, premier secrétaire du Ministre de la guerre marocain, chef de la Mission marocaine, après avoir examiné la situation sur les lieux mêmes, se sont mis d'accord sur les dispositions ci-après :

Ces dispositions complètent les traités d'amitié, de bon voisinage et d'accord réciproque, conclus en 1844 et 1845[1], entre les deux Gouvernements et sont destinées à affermir définitivement leur

1. Traité de paix du 10 septembre 1844 et traité de délimitation du 18 mars 1845.

entente et le double et mutuel appui qu'ils se prêtent, dans les conditions spéciales qui correspondent à leur situation respective, pour assurer la prospérité et le développement des deux pays.

ARTICLE PREMIER. — Le Gouvernement chérifien consolidera, par tous les moyens possibles, dans l'étendue de son territoire depuis l'embouchure de l'Oued Kiss (Oued Adjeroud), et le Teniet-Sassi jusqu'à Figuig, son autorité makhzénienne telle qu'elle est établie sur les tribus marocaines, depuis le traité de 1845 [1]. Le Gouvernement français, en raison de son voisinage, lui prêtera son appui en cas de besoin.

Le Gouvernement français établira son autorité et la paix dans les régions du Sahara, et le Gouvernement marocain son voisin, l'y aidera de tout son pouvoir.

ART. 2 — En vue de développer les transactions commerciales, chacun des deux Gouvernements établira, dans les régions limitrophes, des marchés, ainsi que des postes chargés de la perception des droits qui seront établis pour augmenter les ressources et les moyens d'action des deux pays.

Les droits à percevoir dans les postes ci-dessus mentionnés et dans les marchés feront l'objet d'un accord commercial annexé aux présentes stipulations.

ART. 3. — Dans le Tell, les points où seront installés des marchés pour le compte de chacun des deux Gouvernements seront ainsi fixés :

---

1. Traité de délimitation du 18 mars 1845.

Le Gouvernement chérifien établira un marché (souk) à Cherraa, près de l'Oued Kiss, dans le pays des Angad, un second à Oudjda, un troisième à la qaçba d'Aïoun Sidi Mellouk et un quatrième à Debdou.

Un marché mixte sera établi à Ras-el-Aïn, point connu pour appartenir aux Beni Mathar Ahel Ras-el-Aïn, dont il est fait mention à l'article 3 du traité de 1845, comme habitant à l'Ouest de la ligne frontière.

Le Gouvernement français établira des marchés à Adjeroud d'Algérie, à Marnia et à El-Aricha.

Dans le Sahara, les deux Gouvernements établiront également des marchés. Un marché français sera établi à Aïn-Sefra, un marché marocain à Figuig et des marchés mixtes avec perception de taxes ou droits de marché, le long de la voie ferrée, à Beni-Ounif et à Kenadsa.

En outre, en raison des relations commerciales entre Figuig et Duveyrier, le Gouvernement français accepte l'installation d'un bureau de perception mixte en ce dernier point.

Chaque Gouvernement désignera un contrôleur pour le représenter dans chaque marché mixte et dans chaque bureau de perception et pour percevoir des taxes au bénéfice des deux Gouvernements.

Art. 4. — Les points où seront institués des bureaux de perception entre Adjeroud et Teniet-Sassi sont les suivants :

Pour le Maroc :

1° Saïdia d'Adjeroud ou El-Heïmer;

2° Oudjda;

3° Un point dans la tribu des Mehaïa, en face de Magoura.

Pour la France :

1° Adjeroud d'Algérie;

2° Marnia;

3° El-Aricha.

ART. 5. — Les chefs des deux Missions ont examiné avec soin la question du régime douanier à établir entre le Teniet-Sassi et Figuig, et se sont efforcés de trouver une solution satisfaisante.

Il leur a paru impossible d'installer des douanes sur la ligne sus-indiquée. Ils sont tombés d'accord pour faire estimer la quantité des marchandises qui pénètrent annuellement sur le territoire marocain entre ces deux points, et la somme qui revient de ce chef au Gouvernement chérifien. Cette somme sera versée, à la fin de chaque année, à l'agent désigné par le Makhzen pour la recevoir.

Le Gouvernement français se charge, de son côté, d'asseoir les perceptions qui lui paraîtront les plus propres à le récupérer. Par cette clause du présent Arrangement, il entend témoigner l'amitié sincère et pure qui existe entre les deux pays et leur intention de s'aider mutuellement de leur autorité dans ces régions.

Toutefois, le Représentant du Makhzen à Figuig doit veiller sur les marchandises qui pénètreront à Figuig et provenant des régions susvisées. Si ces marchandises ont payé les droits de douane et si les caravaniers ont un reçu valable, ils ne seront point inquiétés. Dans le cas contraire, ils seront astreints à payer les droits à l'Amin du Makhzen à Figuig qui en informera immédiatement le Représentant du Gouvernement français, lequel aura la faculté de recevoir ces droits annuellement, ou de les recevoir au fur et à mesure, en donnant quittance, ou bien d'en faire abandon au Gouvernement chérifien.

Art. 6 — De même qu'il a été reconnu impossible d'établir des douanes et des postes de garde dans la ligne comprise entre Teniet-es-Sassi et Figuig, de même les deux Gouvernements renoncent à établir les postes de garde et les douanes, prévus à l'article 4 du Protocole de Paris susvisé [1].

Le Makhzen installera à Figuig les postes de garde spécifiés ci-après à l'article 8. Il y installera également les bureaux pour la perception des droits qui seront indiqués dans l'accord commercial susmentionné.

Art. 7. — Les Chefs des deux Missions sont tombés d'accord pour installer des postes de garde permanents entre Saïdia d'Adjeroud et Teniet-Sassi, afin d'obtenir la paix, la libre circulation entre les deux pays, et de prêter main-forte au service des perceptions.

Le Gouvernement français installera les siens aux points ci-dessous :

1° Adjeroud d'Algérie;

2° Marnia;

3° El-Aricha.

---

1. Protocole du 20 juillet 1901.

Le Gouvernement marocain installera les siens aux points ci-dessous :

1° Saïdia-d'Adjeroud ;

2° Oudjda ;

3° Un point sur l'Oued Za.

ART. 8. — Les postes de garde marocains de Figuig seront placés entre les qsour et les cols, de façon à assurer la sécurité et à prêter main-forte aux agents chargés de la perception des droits qui seront déterminés dans l'accord commercial précité.

Le Gouvernement français assurera la surveillance de la voie ferrée sur les deux côtés, dans le Sahara, mais, entre la ligne et les qsour de Figuig, il n'effectuera aucune construction militaire.

Des méfaits de toute sorte, principalement des assassinats se produisent fréquemment au Djebel des Beni-Smir et dans la région avoisinante, où se trouvent campés les Oulad-Abdallah, fraction des Amour placés sous l'autorité marocaine; les chefs des deux Missions ont employé leur zèle à rechercher les moyens de mettre un terme à cette succession de crimes qui afflige profondément les pays amis, et de ramener la tranquillité dans cette région.

Le seul procédé qui leur a paru efficace pour atteindre ce résultat consiste à établir, dans le Djebel des Beni-Smir, deux gardes distinctes fournies l'une par le Gouvernement français et l'autre par le Gouvernement marocain.

Tout malfaiteur arrêté dans cette région sera jugé conformément aux lois et à la justice par l'autorité dont dépend la garde qui aura opéré l'arrestation.

Il sera procédé ainsi à l'égard de tous les habitants de la montagne dont il s'agit, ou de tous ceux qui s'y réfugieraient habituellement. En ce qui concerne les autres, ils seront jugés conformément aux usages et traités existant entre les deux pays.

Art. 9. — Un Khalifa de l'Amel de Figuig sera désigné pour représenter le Gouvernement marocain dans l'un des trois qsour :

Kenadsa, Béchar et Ouakda.

Il sera chargé de prêter main-forte aux autorités algériennes contre les mauvais sujets qui se réfugieront dans les qsour.

Art. 10. — Les Commissaires des deux Gouvernements voisins, prévus dans l'article 9 du protocole signé à Paris, s'efforceront, par tous les moyens en leur pouvoir, de solutionner dans le plus bref délai possible tous les litiges qui surgiraient entre les habitants des deux pays.

Les Commissaires français sont : le capitaine du bureau arabe de Marnia et le capitaine chef des affaires indigènes de Djenan-ed-Dar ou de Beni-Ounif, ou tout autre agent désigné par le Gouvernement français.

Les Commissaires marocains seront : le Khalifa de l'Amel de Figuig, le Khalifa de l'Amel d'Oudjda ou tout autre agent désigné par le Makhzen.

Les Chefs des deux Missions apposeront leurs signatures sur le présent accord, qui sera dressé en deux expéditions, renfermant chacune les deux textes français et arabes, placés l'un à côté de l'autre.

L'une des expéditions sera envoyée au Gouvernement français et l'autre adressée au Makhzen chérifien, pour qu'elles soient soumises à l'examen et à l'approbation des Ministres des affaires étrangères des deux pays.

Fait à Alger le 20 avril 1902, correspondant au 12 du mois sacré de Moharrem, premier mois de l'année 1320 de l'hégire.

Signé : Sid Mohammed el Guebbas.
Cauchemez

A cet acte a été ajoutée par accord subséquent la mention suivante :

« Le Gouvernement marocain, après avoir examiné le présent accord, l'a trouvé conforme aux nécessités du voisinage. Comme l'établissement des douanes prévues au protocole de Paris, pour la perception des droits de douane, est impossible dans les circonstances présentes, on a décidé de l'ajourner jusqu'au moment où il sera possible et de se borner actuellement à percevoir les droits de marché et de passage dans les postes à ce destinés, ainsi qu'il résulte des articles du présent accord. Sous cette réserve, ratification a été donnée le 16 décembre 1902. »

DOCUMENT N° 5

Articles additionnels à l'accord du 20 *avril* 1902, *signés à Alger le* 7 *mai* 1902

Louange à Dieu !

Il n'est rien dérogé au régime particulier qui a toujours existé pour les relations par voie de terre entre l'Algérie et le Maroc, mais en raison des conditions spéciales du voisinage de terre existant entre les deux pays, les soussignés ont arrêté les dispositions suivantes, qui seront établies en deux expéditions, écrites chacune en français et en arabe et soumises, comme l'accord ci-dessus visé, à la ratification des Ministres des Affaires étrangères de la France et du Maroc.

ARTICLE PREMIER. — Le Makhzen maintient sa faculté d'établir :

1° Des droits de sortie;

2° Des droits de transit.

D'autre part le, Gouvernement français a déclaré son intention d'appliquer ou de maintenir, conformément à la législation en vigueur, les droits de statistique et de taxe sanitaire.

Les droits seront établis suivant les tarifs annexés au présent acte, auxquels les deux Gouvernements déclarent ne pas faire objection et qu'ils s'interdisent de modifier sans un accord préalable [1].

Les droits de place ont été fixés par les signataires du présent acte, conformément au tableau ci-annexé [2].

A la fin de chaque marché, les droits réalisés seront partagés par moitié entre les agents des deux Gouvernements.

Les modifications qu'il y aurait lieu d'apporter dans l'avenir au tarif de ces marchés mixtes seront faites d'un commun accord entre les autorités locales voisines, qui en informeront leur Gouvernement respectif.

Dans les marchés autres que les marchés mixtes mentionnés à l'article 3 de l'accord sus-indiqué [3], chaque Gouvernement aura la faculté d'établir les droits qu'il jugera convenables, sans toutefois que ces droits puissent dépasser ceux adoptés d'un commun accord pour les marchés mixtes du Tell.

Art. 3. — Les marchés algériens mentionnés à l'article 2 de l'accord du 20 avril 1902 dépendront exclusivement des autorités françaises. Toutefois, le Gouvernement marocain pourra y placer un agent pour éviter la contrebande. Lorsque les marocains arriveront sur un marché algérien avec des marchandises pour lesquelles ils n'auront pas payé les droits, l'agent français les contraindra à lui verser ces droits, dont il fera lui-même remise à l'agent marocain. L'agent marocain sera, en ou-

1. Ces tarifs n'ont pas été publié dans le *Livre Jaune*, 1901-1905.
2. Ce tableau n'a pas été publié dans le même *Livre Jaune*.
3. Accord du 20 avril 1902.

tre, chargé d'étudier le mouvement commercial et la marche des caravanes. Il devra être indigène. Les marchés marocains prévus également à l'article précité dépendront exclusivement du Gouvernement chérifien. Mais le Gouvernement français pourra y installer un de ses agents pour les mêmes raisons que ci-dessus. Cet agent devra être indigène.

Art. 4. — Les marchés mixtes seront ouverts aux négociants des deux pays qui y opéreront leurs transactions sur le pied d'égalité. Les deux Gouvernements auront conjointement, sur le marché, un agent qui procèdera au recouvrement des droits spécifiés aux articles 1 et 2.

Les perceptions pour le compte des deux Gouvernements seront faites dans un bureau de perception unique, par les soins des deux agents qui les constateront sur un registre spécial et en donneront quittance sous leur double signature.

Les sommes réalisées seront partagées à la fin de chaque marché, et chacun des deux agents recevra la part revenant à son Gouvernement; ils se donneront mutuellement quittance.

Art. 5. — Le recouvrement des droits s'effectuera dans tous les bureaux de perception prévus à l'article 4 de l'accord du 20 avril 1902, d'après le tarif uniforme ci-annexé.

Dans les bureaux de perception mixtes, les droits seront recouvrés dans les mêmes conditions que dans les marchés mixtes mentionnés à l'article 4.

Les agents des deux Gouvernements seront responsables des sommes réalisées, dont le partage sera effectué à la fin de chaque mois.

Art. 6. — Les Commissaires institués par le protocole signé à Paris en 1901 (correspondant à l'année 1319 de l'hégire) [1], ou leurs délégués, exercent le contrôle de toutes les opérations dont les agents de recouvrement des deux pays sont chargés sur les deux marchés et dans les postes de perception.

Ces Commissaires s'entendent, en outre, avec les autorités dont ils relèvent sur les mesures propres à assurer la sécurité et à faciliter la marche des caravanes qui relieront les marchés situés de part et d'autre.

Art. 7. — Les droits à percevoir sur les marchés ou dans les bureaux de perception mixtes seront payés en monnaie française ou hassanienne

Le cours du change des deux monnaies sera indiqué au commencement de chaque période trimestrielle, d'après une entente entre le Ministre de France et le représentant de Sa Majesté chérifienne à Tanger.

Le Gouvernement français et le Makhzen, avisés du cours ainsi arrêté, devront assurer son application par les agents chargés de la perception des droits

Art 8. — Les droits mentionnés à l'article 5, dans l'accord du 20 avril [2], et dont le Gouvernement français s'est déclaré disposé à tenir compte

1. Protocole du 20 juillet 1901.
2. Accord du 20 avril 1902.

au Gouvernement marocain, seront évalués au bout de la première année qui commencera le jour où l'accord aura été approuvé. Ils seront, aussitôt après, versés au Makhzen Ces droits seront ensuite l'objet d'évaluations annuelles.

Art. 9. — Les postes de garde mentionnés à l'article 7 de l'accord précité [1] pourront, suivant les circonstances, être augmentés par chacun des deux Gouvernements.

Ces postes devront exercer une surveillance vigilante et ne laisser passer que les marchandises dont les détenteurs sont munis de récépissés attestant qu'ils ont acquitté les droits. Ils devront agir de concert au mieux des intérêts des deux Gouvernements.

Art. 10. — Les deux Gouvernements pourront d'un commun accord, apporter aux stipulations ci-dessus les modifications qu'ils jugeront utiles.

Fait à Alger le 7 mai 1902, correspondant au 27 moharem de l'année 1320 de l'hégire.

Suivent les signatures : Cauchemez,

Mohammed el Guebbas.

A cet acte a été ajoutée, par accord subséquent la mention suivante :

« Le Gouvernement marocain, après avoir examiné le présent accord, l'a trouvé conforme aux nécessités du voisinage. Comme l'établissement des douanes prévues au Protocole de Paris pour la perception des droits de douanes est impossible

---

1. Accord du 20 avril 1902.

dans les circonstances présentes, on a décidé de l'ajourner jusqu'au moment où il sera possible, et de se borner actuellement à percevoir les droits de marché et de passage dans les postes à ce destinés, ainsi qu'il résulte des articles du présent accord.

» Sous cette réserve, ratification a été donnée le 16 décembre 1902. »

DOCUMENT N° 6

Accord intervenu, le 4 mars 1910, entre S E. M. Pichon, Ministre des Affaires étrangères, et les Ambassadeurs de Sa Majesté Chérifienne. LL. EE. Hadj Mohammed ben Abdesselam el Mokri, Ministre des Finances, et Si Abdallah el Fasi, Adjoint au Ministère des Affaires étrangères du Makhzen.

Le Gouvernement de la République et le Gounement chérifien s'étant mis d'accord sur les dispositions complémentaires que prévoyaient les arrangements provisoires de Fez, ont arrêté définitivement les stipulations ci-après, qui ont pour objet de régler les difficultés pendantes entre la France et le Maroc.

I. — Accord relatif a la Chaouya

Article premier — Il a été convenu que le corps d'occupation évacuera complètement la Chaouya lorsque le Makhzen aura installé dans cette région une force marocaine de 1500 hommes, constituée et instruite, sous la direction de la Mission militaire française, dans des conditions analogues à celles de la police des ports et capable de maintenir dans la province la sécurité des personnes et des biens ainsi que celles des transactions commerciales.

Lorsque cette force sera installée dans la Chaouya, les troupes évacueront les postes qu'elles occupent à l'intérieur et seront alors ramenées dans leurs cantonnements à Casablanca.

Art. 2. — Sa Majesté Chérifienne a promis de maintenir dans leurs fonctions les caïds actuels de la Chaouya, tant que leur conduite sera satisfaisante. De même, elle a promis de ne pas exercer de représailles contre les particuliers à cause de leur attitude.

Des instructions dans ce sens, concertées entre la Légation de France et le Makhzen, seront données par écrit aux autorités indigènes de la Chaouya, dès l'arrivée de Sa Majesté Chérifienne à Rabat.

Art. 3. — Le Makhzen prendra possession des installations créées par le corps d'occupation dans la Chaouya et à Casablanca, telles que télégraphes, ponts, chemins de fer, et, en général, les constructions élevées pendant l'occupation; ces installations seront maintenues et exploitées sous l'autorité du Makhzen. Le Makhzen chargera l'ingénieur qui dirige l'Administration chérifienne des télégraphes sans fils de la direction de télégraphes avec fils et de leur mise en exploitation pour le compte et sous l'autorité du Gouvernement chérifien. Le montant de ces améliorations sera compris dans le compte des frais d'occupation. Le Makhzen fixera une somme annuelle qui sera touchée à la Banque d'Etat, et, à défaut, prélevée par les soins du khalifa du Sultan à Casablanca sur les droits de marché indiqués à l'article 4, et qui sera affectée à l'entretien des dits travaux sous l'autorité de ce fonctionnaire.

Les dépenses occasionnées de ce chef seront effectuées par les soins de l'Amin El Moustafad de cette ville, après avoir été évaluées par la direction des travaux publics à Tanger; l'état et les pièces justificatives de ces dépenses seront envoyés au Makhzen.

Art. 4. — La perception des moustafadat[1], des droits de portes et autres taxes municipales de Casablanca sera maintenue dans l'état actuel, jusqu'à ce que le Makhzen établisse des municipalités dans les ports, sous-réserve des droits engagés pour le service de l'emprunt de liquidation.

Les moustafadat et les impôts de la Chaouya continueront à être perçus pour le compte du Makhzen; mais leur affectation sera réglée par une lettre du Ministre des finances de Sa Majesté Chérifienne, adressée au Gouvernement français.

Art. 5. — L'amende de deux millions et demi imposée aux tribus Chaouya pour leur attitude dans les événements de Casablanca et acceptée par elles, sera perçue par les caïds et oumana, ou tout autre fonctionnaire désigné par le Makhzen, suivant la coutume qui régit chez elles la répartition du zekkat et de l'achour[2].

---

1. Contributions indirectes.

Ces contributions sont recouvrées par les Oumana, agents financiers.

2. Impôts coraniques.

Art. 6. — Le Gouvernement français a déclaré qu'en ce qui le concerne, il ne s'opposerait pas à ce que cette amende fut perçue sur les censaux, si cette perception était étendue aux censaux des autres nations. Les deux millions et demi précités seront acquittés par les tribus dont il s'agit; ils seront destinés à l'agrandissement des travaux de construction du port de Casablanca, après que le contrat relatif à cette augmentation aura été conclu entre le Makhzen et la société française « La Compagnie marocaine », conformément au plan qui sera présenté par l'ingénieur du Makhzen à l'agrément de Sa Majesté Chérifienne.

Art. 7 — Les troupes du goum d'infanterie et de cavalerie, organisées dans la Chaouya à l'effectif de 1,200 hommes, conserveront provisoirement leur organisation jusqu'au moment où le Makhzen sera en mesure d'installer dans la Chaouya la force marocaine prévue à l'article 1er; ces troupes feront alors retour au Makhzen et seront accompagnées d'un nombre suffisant d'instructeurs qui seront placés sous les ordres du chef de la Mission militaire française.

Sa Majesté maintiendra à ses troupes, pour une période d'un mois au maximum à compter du jour de leur arrivée, la mouna [1] qui leur a été fixée par les soins du corps d'occupation.

A l'expiration de cette période, la solde de ces troupes sera ramenée au taux ordinaire de la solde des troupes chérifiennes. Ceux qui ne voudront

1. Solde proprement dite.

pas rester au service avec cette mouna makhzénienne seront laissés libres de partir, et il appartiendra au Makhzen d'obliger leurs tribus à les remplacer.

Art. 8. — Le Gouvernement chérifien reconnaît qu'il accepte de payer les frais de guerre occasionnés par l'occupation des troupes françaises dans l'Empire marocain; un accord particulier interviendra au sujet du mode de payement de ces dépenses.

Art. 9. — Les frais dont il s'agit prendront fin à la date du 1er janvier 1910, correspondant au 19 hedja 1327

Art. 10. — Le Gouvernement de la République n'a jamais cessé de considérer la ville de Casablanca comme territoire marocain et n'a pas l'intention d'exercer une occupation définitive. Il en retirera ses troupes lorsqu'il aura pu juger que l'organisation prévue pour la Chaouya est en état d'y assurer le maintien de l'ordre d'une manière efficace et lorsque des satisfactions suffisantes lui auront été données par le Makhzen en ce qui concerne le remboursement des dépenses militaires mentionnées à l'article 8 et le versement des indemnités aux victimes des troubles de Casablanca.

Le makhzen s'engage également à donner toutes satisfactions :

a) Au sujet du Cheikh Ma-el-Aïnin [1] et des ennemis de la France au Sahara. Le Gouvernement chérifien devra empêcher que ces agitateurs ne

1. Le Cheikh Ma-el-Aïnin est mort le 4 novembre 1910 à Tiznit.

reçoivent des encouragements et des secours en argent, armes et munitions; il adressera des lettres, dont la Légation de France recevra copie, aux autorités du Sous et de l'Oued Noun pour leur prescrire de réprimer la contrebande des armes dans ces régions.

b) Le Gouvernement chérifien devra adresser aux autorités locales des instructions formelles en vue de l'application intégrale de l'article 60 de l'Acte d'Algésiras (droit de propriété immobilière des étrangers).

II. — Accord relatif a la région frontière

Article premier — Les deux Gouvernements considèrent tout d'abord que le régime à réaliser dans la région frontière repose sur les arrangements antérieurs conclus entre eux à ce sujet et qui sont complétés par les dispositions suivantes.

Art. 2 — Le Gouvernement français déclare qu'il fera évacuer par ses troupes, dans les conditions ci-après indiquées, Oudjda, les Beni-Snassen, Bou Anane et Bou Denib, points qu'il a été amené à occuper sur le territoire marocain pour des raisons connues.

Sont maintenus dans leur état les autres postes actuellement occupés dans la région frontière, situés sur le territoire de parcours des Doui-Menia et des Oulad-Djerir qui ont accepté la juridiction du Gouvernement général de l'Algérie[1], et de même, le poste de Ras-el-Aïn des Beni-Mather, dit Berguent, lequel se trouve sur le territoire marocain,

1. Le traité du 18 mars 1845 ne mentionnait pas ces deux tribus.

ces postes étant nécessaires à la protection de la frontière algérienne. Toutefois, pour couper court à tout malentendu à ce sujet, le Gouvernement français payera au Gouvernement chérifien une indemnité qui sera fixée ultérieurement d'un commun accord,

ART. 3. — Le Makhzen désignera un Haut Commissaire chérifien pour se concerter avec le Haut Commissaire français, en vue de la mise à exécution des accords de 1901 et 1902 [1]

ART. 4 — Le Haut Commissaire chérifien recevra sans délai les pouvoirs nécessaires pour l'exercice de ses attributions, notamment le droit de proposer, après entente préalable avec le Haut Commissaire français, la nomination et la révocation des caïds et autres fonctionnaires marocains.

ART. 5. — Lorsque le régime prévu par les accords antérieurs aura été intégralement réalisé d'une manière qui réponde aux intérêts commun des deux Gouvernements et lorsque les troupes françaises auront évacué, dans les conditions prévues ci-dessus, les régions qu'elles occupent, les attributions des deux Hauts Commissaires français et chérifien resteront déterminées par l'article 3 du présent accord.

ART. 6. — Les troupes françaises cantonnées dans la région frontière seront diminuées au fur et à mesure de l'augmentation des effectifs de la police makhzénienne, qui sera organisée d'après les principes indiqués à l'article 9. Lorsque cette

1. Accords du 20 juillet 1901 et du 20 avril 1902.

troupe makhzénienne aura atteint l'effectif de 2,000 hommes, chiffre indiqué à l'article 1er du traité de 1844 [1], et qu'elle aura été jugée capable de veiller à l'exécution des accords mentionnés à l'article 5, de maintenir la sécurité et de faciliter les transactions commerciales, enfin d'assurer la perception des impôts et autres taxes, les troupes françaises seront ramenées en deçà de la frontière algérienne.

ART. 7. — Les taxes des marchés et les droits mentionnés aux accords seront perçus selon les tarifs prévus, et les impôts *zekkat* et *achour*, selon les règles appliquées dans l'Empire chérifien : ces perceptions auront lieu par les soins des oumana et des gouverneurs du Makhzen, avec l'assistance d'un fonctionnaire français pendant la durée de l'occupation.

Quant aux dépenses de l'administration des territoires occupés, telles qu'émoluments des oumana et autres, elles seront prélevées sur les recettes susdites; le tout sera inscrit dans un compte spécial qui sera envoyé au Makhzen; l'excédent sera versé au trésor chérifien.

ART 8. — Les améliorations introduites par le corps d'occupation à Oudjda et chez les Beni Snassen seront cédées au Makhzen dans les conditions indiquées par l'accord relatif à la Chaouya Leur montant sera compris dans les dépenses d'occupation

ART 9. — La force makhzénienne prévue à l'ar-

1. Traité du 10 septembre 1844.

ticle 6 sera organisée selon les principes suivants : elle sera composée de soldats musulmans marocains recrutés par engagements, instruits et commandés par des officiers et sous-officiers français et algériens en nombre suffisant; elle aura des cadres marocains. Elle sera autonome et placée sous l'autorité d'un commandant français agréé par le Makhzen et qui relèvera directement des deux Hauts Commissaires français et chérifien. Elle sera payée sur le produit des impôts des tribus de la région frontière et des taxes et droits mentionnés aux accords.

Art. 10. — En ce qui concerne Bou Denib et Bou Anane, le Gouvernement français est disposé à évacuer ces postes sans attendre que le Makhzen y ait installé une force organisée, mais à condition que la liberté des relations commerciales et la sécurité des caravanes soient suffisamment assurées. A cet effet, le Makhzen ordonnera à son khalifa au Tafilelt de veiller à la sécurité des caravanes qui circuleraient entre les Ksour du Tafilelt et les postes de Bou Denib et Bou Anane; on constituera pour cela des escortes destinées à accompagner les caravanes et qui auront à leur tête un chef marocain désigné par le khalifa du Sultan au Tafilelt. De plus, lorsqu'il sera possible, on construira des caravansérails où seront établis des postes de garde indigènes. Enfin, les autorités des régions limitrophes devront établir des relations officielles et régulières.

Dès que ce système fonctionnera d'une manière satisfaisante, les troupes françaises seront progressivement réduites et ramenées en Algérie.

Des mesures spéciales seront prises par le Makhzen pour que les droits de propriété des ressortissants algériens en territoire marocain puissent s'exercer sans entraves, conformément à l'article 6 de l'accord du 20 juillet 1901.

III. — Accord relatif a la question financière

La question financière sera réglée conformément aux dispositions de la note remise à l'Ambassade Chérifienne le 14 août dernier, avec les modifications contenues dans la note complémentaire remise à l'Ambassade le 21 décembre, et sous réserve des indications formulées dans la lettre des Ambassadeurs du Gouvernement chérifien au Ministre des Affaires étrangères, en date du 25 décembre [1].

Fait à Paris en double exemplaire, le 4 mars 1910, correspondant au safar 1328. (L. S.) Signé : S. Pichon.

Louange à Dieu. Le présent accord contenant la question de la Chaouya et Casablanca, la question de la région frontière et les principes relatifs à la question financière ayant reçu la ratification

---

1. Voir les notes échangées entre le Ministre des Affaires étrangères et les Ambassadeurs du Gouvernement chérifien en date des 15, 21 et 25 décembre 1909.

Livre Jaune, Affaires du Maroc,V. 1908-1910, p. 290, 297, 299.

de Sa Majesté Chérifienne, suivant sa lettre à ses Ambassadeurs en date du 27 moharrem 1328, correspondant au 8 février 1910, nous le signons à titre définitif.

El Hadj Mohammed Ben Abdesselam El Mokri.
Si Abdallah El Fasi.

SECTION II

Accords entre la France et divers Etats au sujet du Maroc

Pour faire reconnaître la situation privilégiée qu'elle doit avoir au Maroc à raison de ses possessions algériennes, la France a depuis 1900, cherché à s'entendre avec quelques puissances européennes plus ou moins intéressées au règlement de la question marocaine.

Elle a poursuivi des négociations dans ce sens avec l'Italie, l'Angleterre, l'Espagne et l'Allemagne, auxquelles elle a fait certaines concessions et assuré certains avantages.

De la sorte, elle est parvenue à conclure avec ces quatre puissances plusieurs arrangements particuliers dont quelques-uns sont demeurés secrets.

Les protocoles et les déclarations qu'elle a ainsi signés sont les suivants :

Protocole secret conclu avec l'Italie, décembre 1900 et confirmé en mai 1902.

Accord conclu avec l'Angleterre le 8 avril 1904.

Accords conclus avec l'Espagne, le 6 octobre 1904, le 1er septembre 1905 et le 16 mai 1907.

Accords conclus avec l'Allemagne, le 8 juillet 1905, le 28 septembre 1905 et le 9 février 1909.

Ces accords, du moins ceux qui ont été publiés, ont eu pour objet :

a) d'affirmer l'intégrité de l'Empire chérifien sous la souveraineté du Sultan;

b) de faire reconnaître les droits et intérêts particuliers qui résultent pour la France de ses possessions algériennes;

c) de faire reconnaître les droits et intérêts particuliers qui résultent pour l'Espagne de ses possessions côtières;

d) de sauvegarder les intérêts économiques des autres puissances contractantes grâce à l'application des principes d'égalité en matière commerciale et industrielle;

e) de maintenir la liberté du détroit de Gibraltar.

§ I. — Accord conclu par la France avec l'Italie

Les relations entre la France et l'Italie, qui avaient été mauvaises sous le ministère de M. Crispi, s'étaient améliorées vers la fin de 1898, par suite de la conclusion des traités tunisiens [1] et d'un arrangement commercial [2].

Profitant de cette détente, le Cabinet de Paris fit comprendre qu'il serait disposé à ne pas gêner l'action italienne en Tripolitaine si le cabinet de Rome promettait de ne pas gêner l'action française au Maroc.

La Consulta se montra favorable aux ouvertures qui lui étaient ainsi faites par le gouvernement français. Les négociations aboutirent à un accord signé en décembre 1900 et confirmé en mai 1902 [3].

Quoique ce protocole ait été tenu secret, son existence

---

1. Traités tunisiens conclus le 28 septembre 1896.

2. Arrangement commercial conclu le 21 novembre 1898.

3. Sur cet accord, consultez :

André Tardieu, *La Conférence d'Algésiras*, p. 61; René Pinon, *L'Empire de la Méditerranée*, p. 320; — René Millet, *Politique extérieure*, 1898-1905, p. 75, — Denis Guibert et Henry Ferrette, *Le* ne saurait être contestée : elle a été implicitement reconnue par le ministre des affaires étrangères lui-même. Dans la séance du 10 novembre 1904, M. Delcassé, répondant à une question de M. Deloncle, député [1], faisait la déclaration suivante : « Evidemment on peut soutenir que le Maroc ne » touche pas directement l'Italie. Mais quel politique refu- » sera de voir les raisons qui obligent l'Italie à se préoc- » cuper de toute modification à l'équilibre des forces de » la Méditerranée. Des explications franches et complètes » que nous avons échangées avec elle est sorti un accord » qui, sauvegardant pour l'avenir les intérêts éventuels des » deux nations dans la Méditerranée, ne laisse plus place » désormais dans leurs rapports que pour une amitié réci- » proque et pour un mutuel bon vouloir » [2].

On peut supposer que les clauses non divulguées de cet accord devaient avoir la portée suivante :

La France déclarait se désintéresser de la Tripolitaine, et, en retour, l'Italie déclarait se désintéresser du Maroc. Comme on l'a dit, c'était « un protocole de désintéressement mutuel ».

---

conflit franco-allemand, en 1905, p. 19, — E. Rouard de Card, *Le protectorat de la France sur le Maroc,* p. 22, — Etienne, *L'accord franco-italien et le Maroc. Questions diplomatiques et coloniales,* n° du 15 janvier 1902, — *** *Comment se fera le partage du Maroc. Le Correspondant,* n° du 25 décembre 1903, — Victor Bérard, *Questions extérieures, La Tripolitaine, Revue de Paris,* n° du 15 février 1902.

Bulletin du Comité de l'Afrique française 1899, p. 132 et 141 — 1900, p. 117, — 1901, p. 173 — 1902, p. 13, 40, 125, 170, 240, 276, 293 et supp., p. 41.

1. M. Deloncle, député, s'adressant au Ministre des affaires étrangères avait dit : « Vous avez fait avec l'Italie, durant l'été de 1902, « une de ces conventions secrètes qu'il vous plaît assez de signer. »

Journal officiel 1904, Débats parlementaires. Chambre des députés, p. 2255.

2. *Journal officiel* 1904, Débats parlementaires. Chambre des députés, p. 2386.

§ II. — Accord conclu par la France avec l'Angleterre

Dans le courant de l'année 1903, le voyage du roi Edouard VII à Paris et le voyage du Président de la République à Londres avaient déterminé un rapprochement entre la France et l'Angleterre. Désireux de supprimer pour l'avenir toute cause de froissement et d'irritation, les hommes d'Etat des deux pays estimèrent qu'il convenait de régler simultanément les questions litigieuses en les rattachant les unes aux autres. Dans cette pensée, ils décidèrent que le règlement de la question marocaine serait lié au règlement de la question égyptienne.

Le 8 avril 1904, M. Paul Cambon, ambassadeur à Londres, et le marquis de Lansdowne signèrent une déclaration concernant l'Egypte et le Maroc.

Voici les clauses de cet acte important :

Déclaration signée à Londres, le 8 avril 1904, concernant l'Egypte et le Maroc[1].

ARTICLE PREMIER. — Le Gouvernement de Sa Majesté Britannique déclare qu'il n'a pas l'inten-

---

1. Sur cette déclaration, consultez :

André TARDIEU, *La Conférence d'Algesiras*, p. 60, — VICTOR BÉRARD, *L'affaire Marocaine*, p. 127, — RENÉ MILLET, *Politique extérieure*, 1898-1905, p. 127, — DENIS GUIBERT et HENRY FERRETTE, *Le conflit franco-allemand en* 1905, p. 39, — ROUARD DE CARD, *Le protectorat de la France sur le Maroc*, p. 26, — *** *La Conférence d'Algesiras*, p. 12, — RENÉ MILLET, *Nos frontières dans l'Afrique du Nord. Revue politique et parlementaire*, n° du 10 janvier 1903, — DE LAPRADELLE, *Les accords franco-anglais, La déclaration concernant le Maroc. Revue générale de droit international public*, 1904, p. 701.

Bulletin du Comité de l'Afrique française, 1904, p. 107, 114, 113 143, 155, 199, 203, 212, 331, 369 et supp., 301, 305.

tion de changer l'état politique de l'Egypte.

De son côté, le Gouvernement de la République Française déclare qu'il n'entravera pas l'action de l'Angleterre dans ce pays en demandant qu'un terme soit fixé à l'occupation britannique ou de toute autre manière, et qu'il donne son adhésion au projet de Décret Khédivial qui est annexé au présent Arrangement et qui contient les garanties jugées nécessaires pour la sauvegarde des intérêts des porteurs de la Dette Egyptienne, mais à la condition qu'après sa mise en vigueur aucune modification n'y pourra être introduite sans l'assentiment des Puissances signataires à la Convention de Londres 1885[1].

Il est convenu que la Direction générale des Antiquités en Egypte continuera d'être, comme par le passé, confiée à un savant français. Les Ecoles françaises en Egypte continueront à jouir de la même liberté que par le passé.

Art. 2. — Le Gouvernement de la République Française déclare qu'il n'a pas l'intention de changer l'état politique du Maroc.

De son côté, le Gouvernement Britannique reconnaît qu'il appartient à la France, notamment comme Puissance limitrophe du Maroc sur une vaste étendue, de veiller à la tranquillité dans ce pays et de lui prêter son assistance pour toutes les réformes administratives, économiques, financières et militaires dont il a besoin.

---

1. Déclaration arrêtée à Londres, le 17 mars 1885, pour régler la situation financière du gouvernement égyptien. — De Clercq, *Recueil des Traités de la France*, t. XIV, p. 480.

Il déclare qu'il n'entravera pas l'action de la France à cet effet, sous réserve que cette action laissera intacts les droits dont, en vertu des Traités, Conventions et usages, la Grande-Bretagne jouit au Maroc, y compris le droit de cabotage entre les ports marocains dont bénéficient les navires anglais depuis 1901.

Art. 3. — Le Gouvernement de Sa Majesté Britannique, de son côté, respectera les droits dont, en vertu des Traités, Conventions et usages, la France jouit en Egypte, y compris le droit de cabotage accordé aux navires français entre les ports Egyptiens.

Art. 4. — Les deux Gouvernements, également attachés au principe de la liberté commerciale tant en Egypte qu'au Maroc, déclarent qu'ils ne s'y prêteront à aucune inégalité pas plus dans l'établissement des droits de douanes ou autre taxe que dans l'établissement des tarifs de transports par chemin de fer.

Le commerce de l'une et l'autre nation avec le Maroc et avec l'Egypte jouira du même traitement pour le transit par les possessions françaises et britanniques en Afrique. Un accord entre les deux Gouvernements réglera les conditions de transit et déterminera les points de pénétration.

Cet engagement réciproque est valable pour une période de trente ans. Faute de dénonciation expresse faite une année au moins d'avance, cette période sera prolongée de cinq en cinq ans.

Toutefois, le Gouvernement de la République Française au Maroc et le Gouvernement de Sa

Majesté Britannique en Egypte se réservent de veiller à ce que les concessions de routes, chemins de fer, ports, etc., soient données dans des conditions telles que l'autorité de l'Etat sur ces grandes entreprises d'intérêt général demeure entière.

Art. 5.— Le Gouvernement de Sa Majesté Britannique déclare qu'il usera de son influence pour que les fonctionnaires français actuellement au service égyptien ne soient pas mis dans des conditions moins avantageuses que celles appliquées aux fonctionnaires anglais du même service.

Le Gouvernement de la République Française, de son côté, n'aurait pas d'objection à ce que les conditions analogues fussent consenties aux fonctionnaires britanniques actuellement au service marocain.

Art. 6. — Afin d'assurer le libre passage du Canal de Suez, le Gouvernement de Sa Majesté Britannique déclare adhérer aux stipulations du traité conclu le 29 octobre 1888, et à leur mise en vigueur. Le libre passage du Canal, étant ainsi garanti, l'exécution de la dernière phrase du paragraphe 1 et celle du paragraphe 2 de l'article VIII de ce traité resteront suspendues [1].

---

1. Convention internationale pour l'établissement d'un régime définitif destiné à garantir le libre usage du canal de Suez, conclue à Constantinople le 29 octobre 1888. De Clercq. *Recueil des Traités de la France*, t. XVIII, p. 144.

En signant cette convention, l'Angleterre avait fait des réserves en ce qui concernait son droit de disposer du Canal pour sauvegarder sa situation en Egypte tant qu'elle occuperait ce pays.

Par l'article 6 de la déclaration de 1904, elle a renoncé à ces réserves, acceptant l'application immédiate du traité du 29 octobre 1888.

Art. 7. — Afin d'assurer le libre passage du détroit de Gibraltar, les deux Gouvernements conviennent de ne pas laisser élever des fortifications ou des ouvrages stratégiques quelconques sur la partie de la côte comprise entre Melilla et les hauteurs qui dominent la rive droite de Sebou exclusivement.

Toutefois, cette disposition ne s'applique pas aux points actuellement occupés par l'Espagne sur la rive marocaine de la Méditerranée.

Art. 8. — Les deux Gouvernements, s'inspirant de leurs sentiments sincèrement amicaux pour l'Espagne, prennent en particulière considération les intérêts qu'elle tient de sa position géographique et de ses possessions territoriales sur la côte marocaine de la Méditerranée, et au sujet desquels le Gouvernement français se concertera avec le Gouvernement espagnol.

Communication sera faite au Gouvernement de Sa Majesté Britannique de l'accord qui pourra intervenir à ce sujet entre la France et l'Espagne.

Art. 9. — Les deux Gouvernements conviennent de se prêter l'appui de leur diplomatie pour l'exécution des clauses de la présente Déclaration relative à l'Egypte et au Maroc.

En foi de quoi, Son Excellence l'Ambassadeur de la République Française près Sa Majesté le Roi du Royaume-Uni de la Grande-Bretagne et d'Irlande et des Territoires Britanniques au-delà des mers, Empereur des Indes, et le Principal Secrétaire d'Etat pour les Affaires étrangères de Sa Majesté Britannique, dûment autorisés à cet effet, ont signé la présente Déclaration et y ont apposé leurs cachets.

Fait à Londres, en double expédition, le 8 avril 1904.

(L. S.) PAUL CAMBON, (L. S.) LANSDOWNE.

III. — Accords conclus par la France avec l'Espagne

Un premier arrangement fut négocié en novembre 1902, mais il ne fut pas définitivement conclu [1].

L'existence de ce projet de traité, ne saurait guère être mise en doute. A la Chambre des députés, dans la séance du 11 mars 1903, M. Ribot, s'adressant au ministre des affaires étrangères et faisant allusion à un article de la *Revue politique et parlementaire* [2], s'exprimait de la façon suivante : « C'est déjà trop que dans cette revue on parle de pour- » parlers qui auraient eu pour objet un *partage éventuel* du » Maroc. De partage du Maroc, il n'y en a pas de possible; » il faut que nous le disions nettement à cette tribune, et » je n'en donnerai qu'une raison. Si l'on abordait cette » question, il y aurait une difficulté que vous ne pourriez » pas résoudre, c'est la question de Fez, qui est la grande » ville religieuse, dans la vallée du Sébou, commandant le » passage entre l'Algérie et l'Atlantique qu'il nous serait » évidemment très utile d'avoir, mais commandant aussi, » en sens inverse, la route de pénétration du Maroc en » Algérie. Car, si Taza et Fez sont une porte sur l'Atlanti- » que, c'est aussi une porte sur l'Algérie. Cette question

1. Sur ce projet de traité, consultez :

René MILLET, *Politique extérieure*, 1898-1905, p. 194.—Victor BÉRARD, *L'affaire marocaine*, p. 253. — Denis GUIBERT et Henry FERRETTE, *Le conflit franco-allemand*, 1905, p. 97. — ROUARD DE CARD, *Le protectorat de la France sur le Maroc*, p. 35. — ROUGIER, *La coopération franco-espagnole. Revue générale de droit international public*, t. XVI, 1909, p. 193.

2. Article publié par M. RENÉ MILLET dans la *Revue politique et parlementaire*, n° du 10 janvier 1903, intitulé : *Nos frontières dans l'Afrique du Nord.* Tripolitaine-Maroc.

» vous ne pourriez pas la résoudre si vous l'abordiez. Il » vaut donc mieux laisser de côté tout ce qui serait une » imprudence diplomatique et envisager en face la tâche » qui nous incombe, qui est de rétablir au Maroc la situa- » tion forte et je dirai par certains côtés la situation pré- » pondérante que nous devons y avoir » [1].

Le ministre ne crut pas devoir répondre au discours de M. Ribot [2] et il se borna à accepter l'ordre du jour de confiance déposé par M. Réveillaud [3].

Les clauses de cette convention simplement ébauchée [4] devaient rester secrètes, mais elle furent divulguées par la revue, le *Correspondant*, au mois de décembre 1903 [5].

Elles avaient pour objet d'opérer un partage éventuel du Maroc entre les deux puissances contractantes [6].

Voici comment était fait ce partage :

La portion territoriale, déclarée *sphère d'influence espagnole* s'étendait entre les limites suivantes : sur la Méditerranée, depuis El-Penon-de-Velez jusqu'à l'embouchure de la rivière Moulouya; le cours de ladite rivière, jusqu'à son intersection avec le 33° degré de latitude nord; ce parallèle, jusqu'à l'endroit où il coupe le 8° de longitude ouest; le 8° degré jusqu'à son intersection avec le cours de l'Oued-Oum-er-Rebia; ce cours d'eau jusqu'à son embouchure; enfin, la côte de l'Atlantique jusqu'à et y compris El-Araïch.

---

1. *Journal officiel*, 1903, Débats parlementaires, Chambre des députés, p. 1112.
2. Denis Guibert, *op. cit.*, p. 98.
3. *Journal officiel*, 1903, Débats parlementaires, Chambre des députés, p. 1113.
4. A la Chambre des députés, dans la séance du 3 novembre 1904, M. Deloncle dit au Ministre des affaires étrangères qu'il avait *ébauché* une convention délimitant les sphères d'influence de la France et de l'Espagne.

Journal officiel, 1904, Debats parlementaires, Chambre des députés, p. 2255.

5. *Le Correspondant* n° du 25 décembre 1903 : *Comment se fera le partage du Maroc, d'après des indiscrétions diplomatiques.*

L'auteur de cet article dit que ce protocole a été reconstitué très fidèlement quant au fond et en termes approximatifs quant à la formule de rédaction.

6. Les deux puissances contractantes s'engageaient à respecter la neutralité des provinces de Tanger et de Tétouan.

La portion territoriale, déclarée *sphère d'influence française*, s'étendait sur la côte méditerranéenne depuis le Kiss (frontière algérienne) jusqu'à l'embouchure de la Moulouya; suivait le cours de cette rivière jusqu'à son intersection avec le 33e degré de latitude nord; ce parallèle jusqu à l'endroit où il coupe le 8e degré de longitude ouest; ce degré jusqu'à son intersection avec l'Oued-Oum-er-Rebia; ce cours d'eau jusqu'à son embouchure; enfin, la côte atlantique jusqu'aux frontières septentrionales de la colonie espagnole du Rio-de-Oro.

Cela revenait à attribuer le royaume de Marrakech à la France et le royaume de Fez à l'Espagne.

Malgré les avantages réels qu'il présentait pour l'Espagne, M. Silvela, président du Conseil, ne voulut pas apposer sa signature à ce protocole [1], parce qu'il lui semblait hasardeux de faire des arrangements relatifs au détroit de Gibraltar sans avoir préalablement obtenu l'assentiment de l'Angleterre [2]. Finalement, le protocole franco-espagnol du 11 novembre 1902 resta à l'état de simple projet.

Dans la suite, de nouvelles négociations furent engagées entre le Cabinet de Paris et le Cabinet de Madrid en vue de définir le rôle de chacune des deux puissances dans l'Empire chérifien : elles aboutirent à la conclusion de trois accords successifs, dont un seul, le dernier, a été complètement divulgué.

Ces accords sont les suivants :

Déclaration du 6 octobre 1904;

Protocole additionnel du 1er septembre 1905;

Déclaration du 16 mai 1907.

Les deux premiers accords, restés secrets en totalité ou en partie, ont eu pour but principal de garantir à chacune des puissances contractantes les droits particuliers résultant de ses possessions respectives : « ils ont consacré la situation » spéciale des deux pays qui les ont signés, en permettant

1. M. Silvela disait à ce propos : « Ce que la France nous offrait » était trop beau ». Lettre à l'*Imparcial* du 11 juin 1904.

2. René MILLET, *Politique extérieure*, 1898-1905, p. 195.

» à l'un et à l'autre d'accomplir l'œuvre spéciale qui ré-
» sulte de leur histoire et de leurs droits »[1].

Quant à l'accord du 16 mai 1907, il a eu pour but, « non » seulement de maintenir un *statu quo*, qui en raison de la » proximité des possessions respectives ne saurait être mo- » difié sans que des intérêts essentiels des deux puissances » soient lésés, mais surtout, en ce qui nous concerne plus » particulièrement, d'assurer la sécurité de nos communica- » tions avec nos possessions africaines de la Méditerranée » et de l'Atlantique »[2].

---

1. Discours prononcé au Sénat par le Ministre des affaires étrangères dans la séance du 2 février 1911.

Journal officiel, 1911. Débats parlementaires, Sénat, p.109.

2. Circulaire de M. Pichon, Ministre des affaires étrangères aux agents diplomatiques, en date du 6 juin 1907. *Livre jaune*, Espagne, 1907.

DOCUMENT N° 1

Déclaration signée à Paris, le 6 octobre 1904, par M. Delcassé, ministre des affaires étrangères, et M. Léon y Castillo, ambassadeur d'Espagne à Paris[1].

Le Gouvernement de la République française et le Gouvernement de Sa Majesté le Roi d'Espagne, s'étant mis d'accord pour fixer l'étendue des droits et la garantie des intérêts qui résultent, pour la France, de ses possessions algériennes et pour l'Espagne, de ses possessions sur la côte du Maroc, et le Gouvernement de Sa Majesté le Roi d'Espagne ayant, en conséquence, donné son adhésion à la déclaration franco-anglaise du 8 avril 1904, relative au Maroc et à l'Egypte, dont communication lui avait été faite par le Gouvernement de la République française, déclarent qu'ils demeurent

---

1. Sur cette déclaration, consultez :

René MILLET, *Politique extérieure*, 1898-1905, p. 179. — Victor BÉRARD, *L'affaire marocaine*, p. 195. — Denis GUIBERT et Henry FERRETTE, *Le conflit franco-allemand*, 1905, p. 175. — ROUARD DE CARD, *Le protectorat de la France sur le Maroc*, p. 35. — Marcel DUBOIS, *Le Maroc et l'accord franco-espagnol. Le Correspondant*, n° du 10 novembre 1904. — Paul LEROY-BEAULIEU, *L'arrangement entre la France et l'Espagne au sujet du Maroc. L'Economiste français*, n° du 15 octobre 1904. — ROUGIER, *La coopération franco-espagnole. Revue générale de droit international public*, t. XVI, 1909, p. 193.

Bulletin du Comité de l'Afrique française, 1904, p 302, 335, 348.— 1905, p. 42.

fermement attachés à l'intégrité de l'Empire marocain sous la souveraineté du Sultan. »

Fait à Paris, en double exemplaire, le 6 octobre 1904.

(S.) DELCASSÉ.

(L. S.) F. de Léon y CASTILLO.

Cette déclaration générale impliquait l'existence de clauses secrètes par lesquelles les deux puissances contractantes avaient fixé l'étendue de leurs droits et la garantie de leurs intérêts respectifs.

On peut supposer que les clauses non divulguées de cette déclaration devaient avoir la portée suivante : La France, tout en conservant sa prépondérance politique au Maroc, consentait, dans une certaine mesure et dans une région déterminée, à associer l'Espagne à l'œuvre de pénétration pacifique qu'elle allait entreprendre. Comme on l'a dit, il s'agissait surtout « de collaboration économique [1]. » Il ne pouvait plus être question de partage proprement dit du Maroc, puisque l'intégrité de l'Empire chérifien était affirmée de la façon la plus formelle dans la déclaration [2].

---

1. Conversation de M. Etienne, député, avec M. Villiers, reproduite dans le journal le *Temps*, nº du 9 octobre 1904.

2. Discours prononcé par M. Delafosse à la Chambre des députés dans la séance du 12 novembre 1907.

Journal officiel, 1907, Débats parlementaires, Chambre des députés, p. 2159

DOCUMENT N° 2

Protocole additionnel signé le 1er *septembre* 1905 [1]

Ce protocole a été tenu secret par les Gouvernements intéressés.

On peut supposer qu'il devait avoir la portée suivante :

Eclaircissant certaines clauses non divulguées de l'arrangement de 1904, il déterminait la part que devait avoir l'Espagne dans l'organisation de la police marocaine et dans la constitution de la Banque d'Etat marocaine.

Comme on l'a dit, ce protocole ne modifiait pas le principe de l'arrangement précédent, mais il précisait et rectifiait certaines de ses dispositions en vue de la réunion de la prochaine conférence qui devait s'occuper de l'organisation de la police dans les ports et de la constitution de la Banque du Maroc [2].

---

1. Sur ce protocole, consultez :

André TARDIEU, *La Conférence d'Algésiras*, p. 58, 157, 377 et 391.

ROUGIER, *La coopération franco-espagnole, Revue générale de droit international public*, T. XVI, 1909, p. 193.

Le *Temps*, n° du 26 juin 1906, *Journal des Débats*, n° du 20 septembre 1907.

Bulletin du Comité de l'Afrique française, 1905, p. 408 à 1907 et p. 313.

2. André TARDIEU, *op., cit.*, p. 58 et 157.

DOCUMENT N° 3

Déclarations échangées à Paris, le 16 mai 1907, entre M. Pichon, ministre des affaires étrangères, et M. Léon y Castillo, marquis del Muni, ambassadeur d'Espagne à Paris[1].

N° 1. — Déclaration du gouvernement français remise, le 16 mai 1907, à Son Excellence M. Léon y Castillo, marquis del Muni, ambassadeur d'Espagne, par M. Pichon, ministre des affaires étrangères.

Animé du désir de contribuer par tous les moyens possibles à la consécration de la paix et convaincu que le maintien du *statu quo* territorial et des droits de la France et de l'Espagne dans la Méditerranée et dans la partie de l'Atlantique qui baigne les côtes de l'Europe et de l'Afrique doit servir efficacement à atteindre ce but tout en étant profitable aux deux nations qu'unissent d'ailleurs les liens d'une amitié séculaire et la communauté des intérêts :

Le Gouvernement de la République française désire porter à la connaissance du Gouvernement de Sa Majesté Catholique la déclaration dont la teneur suit, avec le ferme espoir qu'elle contribuera non seulement à affermir la bonne en-

---

1. Sur cette déclaration, consultez :

Alcide Ebray, *La France qui meurt*, p. 71. — Rougier, *La coopération franco-espagnole. Revue générale de droit international public*, t. XVI, 1909, p. 193.

Bulletin du Comité de l'Afrique française, 1907, p. 246.

tente qui existe si heureusement entre les deux Gouvernements, mais aussi à servir la cause de la paix :

La politique générale du Gouvernement de la République française dans les régions sus-indiquées a pour objet le maintien du *statu quo* territorial, et, conformément à cette politique, ce Gouvernement est fermement résolu à conserver intacts les droits de la République française sur ses possessions insulaires et maritimes situées dans lesdites régions.

Dans le cas où se produiraient de nouvelles circonstances qui, selon l'opinion du Gouvernement de la République française, seraient de nature à modifier ou à contribuer à modifier le *statu quo* territorial actuel, ce Gouvernement entrera en communication avec le Gouvernement de Sa Majesté Catholique, afin de mettre les deux Gouvernements en état de se concerter, s'il est jugé désirable, sur les mesures à prendre en commun.

Paris le 16 mai 1907.

Signé : S. Pichon.

N° 2. — Déclaration du gouvernement espagnol, le 16 mai 1907, tenu à M. Pichon, ministre des affaires étrangères, par Son Excellence M. Léon y Castillo, marquis del Muni, ambassadeur d'Espagne.

Animé du désir de contribuer par tous les moyens possibles à la conservation de la paix et convaincu que le maintien du *statu quo* territorial et des droits de l'Espagne et de la France dans la Méditerranée et dans la partie de l'Atlantique qui baigne les côtes de l'Europe et de l'Afrique doit servir efficacement à atteindre ce but, tout en étant profitable aux deux nations qu'unissent d'ailleurs les liens d'une amitié séculaire et la communauté des intérêts :

Le Gouvernement de Sa Majesté Catholique désire porter à la connaissance du Gouvernement de la République française la déclaration dont la teneur suit, avec le ferme espoir qu'elle contribuera non seulement à affermir la bonne entente qui existe si heureusement entre les deux Gouvernements, mais aussi à servir la cause de la paix :

La politique générale du Gouvernement de Sa Majesté Catholique dans la région sus-indiquée a pour objet le maintien du *statu quo* territorial, et, conformément à cette politique, ce Gouvernement est fermement résolu à conserver intacts les droits de la Couronne espagnole sur ses possessions insulaires et maritimes situées dans les dites régions.

Dans le cas où se produiraient de nouvelles circonstances qui, selon l'opinion du Gouvernement de Sa Majesté Catholique, seraient de nature où à modifier ou à contribuer à modifier le *statu quo* territorial actuel, ce Gouvernement entrera en communication avec le Gouvernement de la République française afin de mettre les deux Gouvernements en état de se concerter, s'il est jugé désirable, sur les mesures à prendre en commun.

Paris, le 16 mai 1907.

Signé : F. de Léon y Castillo.

IV. — Accords conclus par la France avec l'Allemagne

Après le débarquement de Guillaume II à Tanger, les relations entre la France et l'Allemagne devinrent tellement tendues que durant quelques jours l'on put craindre une rupture violente. Néanmoins, des conversations s'engagèrent et se poursuivirent entre le Cabinet de Paris et le Cabinet de Berlin. Au cours de ces négociations, un projet de conférence internationale, soi-disant conçu par le gouvernement chérifien [1], fut appuyé par le gouvernement allemand auprès du gouvernement français : il donna lieu à un échange de notes entre MM. Rouvier, président du Conseil et le Prince de Radolin, ambassadeur d'Allemagne à Paris [2]. Finalement, le Gouvernement français consentit à se rendre à la conférence sous la condition que les droits conventionnels de la France ne subiraient aucune atteinte et que le programme des questions à discuter serait fixé par avance.

Dans ce but intervinrent les accords du 8 juillet 1905 et du 28 septembre 1905.

Depuis la Conférence d'Algésiras, c'est-à-dire depuis le 7 avril 1906, une certaine amélioration s'est produite dans les rapports entre la France et l'Allemagne, ce qui a rendu possible la conclusion d'un nouvel arrangement [3].

1. Il est évident que les lettres du Maghzen à M. Saint-René Taillandier, en date du 27 et du 30 mai 1905, furent inspirées par la Légation d'Allemagne à Tanger.

Ces lettres se trouvent dans le *Livre jaune* 1901-1905, p. 223 et 235.

2. Voir à ce sujet le *Livre Jaune* 1901-1905, p. 230 et suiv.

Dans un entretien au sujet des affaires morocaines, le 10 juin 1905, le prince Radolin disait à M. Rouvier : « Nous tenons pour la » Conférence... Il faut que vous sachiez que nous sommes derrière » le Maroc. »

3. La question du chemin de fer de Bagdad n'a pas été étrangère à la négociation de cet arrangement.

A la date du 10 septembre 1909, a été signée une déclaration qui précise la portée de l'acte d'Algésiras entre les deux pays [1]. Le gouvernement français s'est engagé à ne pas entraver les intérêts commerciaux et industriels de l'Allemagne au Maroc et, de son côté, le gouvernement allemand s'est engagé à ne pas entraver les intérêts politiques de la France dans l'Empire chérifien.

1. M. Paul Cambon, ambassadeur de la République française à Londres, en notifiant cette déclaration à sir Ed. Grey, dit « que cette déclaration, conforme à l'acte d'Algésiras, ne portait aucune atteinte aux droits et aux intérêts des autres nations ». *Livre Jaune*, 1910, p. 78.

DOCUMENT N° 1

Déclarations échangées à Paris, 18 juillet 1905, entre M. Rouvier, président du Conseil, ministre des Affaires étrangères, et M. le prince Radolin, ambassadeur d'Allemagne à Paris [1].

N° 1. — Monsieur Rouvier, président du Conseil, ministre des Affaires étrangères, au prince Radolin, ambassadeur d'Allemagne à Paris.

Paris, le 8 juillet 1905.

Le Gouvernement de la République est convaincu, par les conversations qui ont eu lieu entre les représentants des deux pays, tant à Paris qu'à Berlin, que le Gouvernement impérial ne poursuivait à la Conférence proposée par le Sultan du Maroc aucun but qui compromît les légitimes intérêts de la France dans ce pays, ou qui fût contraire aux droits de la France résultant de ses traités ou arrangements et en harmonie avec les principes suivants :

Souveraineté et indépendance du Sultan;

Intégrité de son empire;

Liberté économique sans aucune inégalité;

Utilité de réformes de police et de réformes financières dont l'introduction serait réglée, pour une courte durée, par voie d'accord international;

Reconnaissance de la situation faite à la France au Maroc par la contiguïté sur une vaste étendue de l'Algérie et de l'Empire chérifien et par les relations particulières qui en résultent entre les deux pays limitrophes, ainsi que par l'intérêt spécial qui s'ensuit pour la France à ce que l'ordre règne dans l'Empire chérifien.

En conséquence, le Gouvernement de la République laisse tomber ses objections premières contre la Conférence et accepte de s'y rendre.

ROUVIER.

N° 2. — S. A. S. le prince Radolin, ambassadeur d'Allemagne à Paris, à Rouvier, président du Conseil, ministre des Affaires étrangères.

Paris, le 8 juillet 1905.

Le Gouvernement de la République, acceptant de se rendre à la Conférence proposée par le Sultan du Maroc, le Gouvernement impérial m'a chargé de vous confirmer ses déclarations verbales aux termes desquelles il ne poursuivra à la Conférence aucun but qui compromette les légitimes intérêts de la France au Maroc ou qui soit contraire aux droits de la France résultant de ses traités ou arrangements et en harmonie avec les principes suivants :

Souveraineté et indépendance du Sultan;

Intégrité de son empire;

Liberté économique sans aucune inégalité;

Utilité de réformes de police et de réformes

---

1. Sur cet accord, consultez les ouvrages cités à propos de l'acte général de la Conférence d'Algésiras.

Voir à la note 1 de la page 100.

financières dont l'introduction serait réglée pour une courte durée par voie d'accord international;

Reconnaissance de la situation faite à la France au Maroc par la contiguïté sur une vaste étendue de l'Algérie et de l'Empire chérifien, par les relations particulières qui en résultent entre les deux pays limitrophes ainsi que par l'intérêt spécial qui s'ensuit pour la France à ce que l'ordre règne dans l'Empire chérifien.

RADOLIN.

Cet échange de lettres a été suivi de la déclaration suivante :

« Le Gouvenement de la République et le Gouvernement allemand conviennent :

« 1° De rappeler à Tanger simultanément leurs missions actuellement à Fez aussitôt que la Conférence se sera réunie.

« 2° De faire donner au Sultan du Maroc des conseils par leurs représentants, d'un commun accord, en vue de la fixation du programme qu'il proposera à la Conférences sur les bases indiquées dans les lettres échangées sous la date du 8 juillet 1905 entre le Président du conseil, Ministre des Affaires étrangères, et l'Ambassadeur d'Allemagne à Paris.

« Fait à Paris, le 8 juillet 1905.

» *Signé :* ROUVIER,

» RADOLIN. »

DOCUMENT N° 2

Accord signé le 28 septembre 1905 par M. Rouvier, Président du Conseil, Ministre des Affaires étrangères, et S. A. S. le Prince de Radolin, Ambassadeur d'Allemagne à Paris[1].

Les deux Gouvernements se sont mis d'accord pour proposer au Sultan le projet du programme suivant élaboré en conformité des principes adoptés dans l'échange des lettres du 8 juillet :

I. — 1° Organisation, par voie d'accord international, de la police hors de la région frontière;

2° Règlement organisant la surveillance et la contrebande des armes. — Dans la région frontière l'application de ce règlement restera l'affaire exclusive de la France et du Maroc.

II. — Réforme financière.

Concours financier donné au Makhzen par la création d'une Banque d'Etat avec privilège d'émission, se chargeant des opérations de trésorerie et s'entremettant pour la frappe de la monnaie dont les bénéfices appartiendraient au Makhzen.

La Banque d'Etat procéderait à l'assainissement de la situation monétaire.

---

1. Sur cet accord, consultez les ouvrages cités à propos de l'acte général de la conférence d'Algésiras.

Voir à la note 1 de la page 100.

Les crédits ouverts au Makhzen seraient employés à l'équipement et à la solde des troupes de police et à certains travaux publics urgents, notamment à l'amélioration des ports et de leur outillage.

III. — Etude d'un meilleur rendement des impôts et de la création de nouveaux revenus.

IV. — Engagement par le Makhzen de n'aliéner aucun des services publics au profit d'intérêts particuliers.

Principe de l'adjudication sans acception de nationalité, pour les travaux publics.

Fait à Paris, le 28 septembre 1905.

Signé : ROUVIER,

RADOLIN.

DOCUMENT N° 3

Déclaration signée à Berlin, le 9 février 1909, par M. de Schœn, Ministre des Affaires étrangères d'Allemagne, et M. Jules Cambon, Ambassadeur de la République française[1].

Le Gouvernement de la République française et le Gouvernement impérial allemand, animés d'un égal désir de faciliter l'exécution de l'Acte d'Algésiras, sont convenus de préciser la portée qu'ils attachent à ses clauses, en vue d'éviter toute cause de malentendus entre eux dans l'avenir.

En conséquence :

Le Gouvernement de la République française, entièrement attaché au maintien de l'intégrité et de l'indépendance de l'Empire chérifien, résolu à y sauvegarder l'égalité économique, et, par suite, à ne pas y entraver les intérêts commerciaux et industriels allemands;

Et le Gouvernement impérial allemand ne poursuivant que des intérêts économiques au Maroc,

---

1. Sur cette déclaration, consultez :

Victor Bérard, *Accord franco-allemand, Revue de Paris.* n° du 1er mars 1909. — Rougier, *L'accord franco-allemand* du 9 février. *Revue générale de droit international public,* 1909, t. XVI, p. 243. — Alcide Ebray, *La France qui meurt,* p. 90.

Journal des Débats, n° du 16 janvier 1909, 14 mars 1909, et 31 mars 1909.

Bulletin du Comité de l'Afrique française, 1909 p. 52, 114, 145, 393, 416, 428.

reçonnaissant d'autre part que les intérêts politiques particuliers de la France y sont étroitement liés à la consolidation de l'ordre et de la paix intérieure, et décidé à ne pas entraver ces intérêts,

Déclarent qu'ils ne poursuivront et n'encourageront aucune mesure de nature à créer en leur faveur ou en faveur d'une puissance quelconque un privilège économique et qu'ils chercheront à associer leurs nationaux dans les affaires dont ceux-ci pourront obtenir l'entreprise.

Berlin, 9 février 1909.

Signé : Jules CAMBON.
DE SCHOEN.

SECTION III

Conventions internationales relatives au Maroc

Désireux d'introduire certaines réformes dans l'Empire chérifien les Etats européens et les Etats-Unis d'Amérique ont participé à deux grandes conférences [1] : celle de Madrid réunie en 1880 et celle d'Algéciras réunie en 1906.

Dans ces deux conférences, après de longues et vives discussions, ont été élaborés les actes diplomatiques suivants [2] :

Convention concernant l'exercice du droit de protection signé à Madrid le 3 juillet 1880.

Acte général à la Conférence internationale d'Algéciras signé le 7 avril 1906.

Le premier de ces actes diplomatiques a eu pour objet :

a) de régler l'exercice du droit de protection diplomatique et consulaire;

b) de déterminer les effets de la naturalisation étrangère acquise par des sujets marocains;

c) de reconnaître à tous les étrangers, sous certaînes conditions, le droit de propriété immobilière au Maroc;

---

1. Le gouvernement français a eu tort de se rendre à ces deux conférences, car les actes diplomatiques qui y ont été élaborés ont eu pour conséquence l'*internationalisation* du Maroc.

Consultez à ce sujet : Alcide Ebray, *La France qui meurt*, p. 71 et suiv.

2. Une autre convention internationale a été conclue le 31 mai 1865. Cette convention, étant relative à l'entretien du phare du Cap Spartel, ne nous semble pas devoir être reproduite ci-après.

Consultez à ce sujet notre ouvrage : *Les traités entre la France et le Maroc*, p. 67 et 147.

d) de subordonner à des règles plus étroites la médiation des interprètes, secrétaires ou soldats de différentes légations ou consulats;

e) de faire payer l'impôt agricole et la taxe dite des portes par les étrangers, les protégés et les censaux propriétaires de terrains cultivés ou de bêtes de somme;

f) d'assurer le traitement de la nation la plus favorisée à toutes les puissances représentées à la Conférence [1].

Le second de ces actes a eu pour objet :

a) d'organiser la police dans les ports marocains;

b) d'organiser la surveillance et la répression de la contrebande des armes;

c) d'instituer la banque d'Etat du Maroc;

d) d'assurer un meilleur rendement des impôts et la création de nouveaux revenus;

e) d'édicter un règlement sur les douanes de l'Empire;

f) de réglementer l'exploitation des services publics et l'exécution des travaux publics;

g) de faciliter aux étrangers l'acquisition de la propriété immobilière dans l'Empire chérifien.

---

1. En s'appuyant sur cette clause contenue dans l'article 17 de la Convention de Madrid, le gouvernement allemand prétendait, en 1905, que « l'œuvre des réformes projetées ne pouvait venir à « chef qu'avec le consentement de toutes les puissances signataires. »

Circulaire du Chancelier impérial aux Missions impériales. *Livre blanc*, Documents sur le Maroc, 1906, traduction faite par les soins du *Comité de l'Afrique française*, p. 10.

La prétention du gouvernement allemand ne reposait sur aucune base sérieuse : la clause de la *nation la plus favorisée* se rapportait simplement à l'exercice du droit de protection.

M. Rouvier, Président du Conseil, soutint cette manière de voir dans la note adressée, le 21 juin 1905, à S. A. S. le Prince Radolin, Ambassadeur d'Allemagne. *Livre jaune*, 1901-1905, p. 235.

Consultez à ce sujet les articles suivants : De Lapradelle, *De Madrid à Algésiras. Revue politique et parlementaire*, annexe du n° du 10 mars 1906. — Niemeyer, *Le Maroc, Algéciras et le droit des gens. Revue générale de droit international public*, 1906, p. 174.

DOCUMENT N° 1

Convention relative à l'exercice du droit de protection conclue à Madrid le 3 juillet 1880[1].

S. Exc. le Président de la République française; S. M. l'Empereur d'Allemagne, roi de Prusse; S. M. l'Empereur d'Autriche, roi de Hongrie; S. M. le Roi des Belges; S. M. le Roi de Danemark; S. M. le Roi d'Espagne; S. Exc. le Président des Etats-Unis d'Amérique; S. M. la Reine du Royaume-Uni de Grande-Bretagne et d'Irlande; S. M. le Roi d'Italie; S. M. le Sultan du Maroc; S. M. le Roi des Pays-Bas; S. M. le Roi de Portugal et des Algarves; S. M. le Roi de Suède et de Norwège[2].

Ayant reconnu la nécessité d'établir sur des bases fixes et uniformes l'exercice du droit de protection au Maroc, et de régler certaines questions qui s'y rattachent, ont nommé pour leurs Plénipotentiaires à la Conférence qui s'est ouverte à Madrid, savoir :

---

1. Sur cette convention internationale, consultez :

ROUARD DE CARD, *Les Traités entre la France et le Maroc*, p. 124.

REY, *La protection diplomatique et consulaire dans les Echelles du Levant et de Barbarie*. — LE BOEUF, *La protection diplomatique et consulaire des indigènes au Maroc*. (Thèse de doctorat, 1905.)

2. La Russie a accédé à cette convention le 4 avril 1881.

Marquis D'OLIVART, *Coleccion de los tratados, convenios y documentos internacionales*, t. VIII, p. 94.

S. Exc. le Président de la République française, M. le Vice-Amiral Jaurès, sénateur, commandeur de la Légion d'honneur, etc., etc., Ambassadeur de la République française près S. M. C.;

S. M. l'Empereur d'Allemagne, Roi de Prusse; M. le Comte Eberhart de Solmsr-Sonnewalde, commandeur de 1re classe de son ordre de l'Aigle-Rouge avec feuilles de chêne, chevalier de la Croix de Fer, etc., etc., son Envoyé extraordinaire et Ministre Plénipotentiaire près S. M. C.

S. M. l'Empereur d'Autriche, Roi de Hongrie; M. le Comte Emmanuel Ludol, son conseiller intime et actuel, grand-croix de l'ordre impérial de Léopold, chevalier de 1re classe de l'ordre de la Couronne de fer, etc., etc., son Envoyé extraordinaire et Ministre Plénipotentiaire près S. M. C.

S. M. le Roi des Belges, M. Edouard Anspach, officier de son ordre de Léopold, etc., etc., son Envoyé extraordinaire et Ministre Plénipotentiaire près S. M. C. ;

S. M. le Roi d'Espagne, don Antonio Canovas del Castillo chevalier de l'ordre insigne de la Toison d'Or, etc., etc., Président de son Conseil des Ministres,

S. Exc. le Président des Etats-Unis d'Amérique, M. le général Lucius Fairchild, Envoyé extraodinaire et Ministre Plénipotentiaire des Etats-Unis près S. M. C.;

S. M. la Reine du Royaume-Uni de la Grande-Bretagne et d'Irlande, l'honorable Lionel Sackville-West, son Envoyé extraordinaire et Ministre Plénipotentiaire près S. M. C.; lequel est autorisé à représenter S. M. le Roi de Danemark;

S. M. le Roi d'Italie, M. le comte Joseph Greppi, grand officier de l'ordre des SS. Maurice et Lazare, de celui de la Couronne d'Italie, etc., etc., son Envoyé extraordinaire et Ministre Plénipotentiaire près S. M. C.;

S. M. le Sultan du Maroc, le taleb, Ci Mohammed Bargach, son ministre des affaires étrangères et Ambassadeur extraordinaire;

S. M. le Roi des Pays-Bas, M. le Jonkheer Maurice de Heldewier, commandant de l'ordre royal du Lion néerlandais, chevalier de l'ordre de la Couronne de Chêne du Luxembourg, etc., etc., son Ministre Résident près S., M. C.;

S. M. le Roi de Portugal et des Algarves, M. le comte de Casal Ribeiro, pair du royaume, grand-croix de l'ordre du Christ, etc., etc., son Envoyé extraordinaire et Ministre Plénipotentiaire près S. M. C.;

S. M. le Roi de Suède et de Norwège, M. Henri Akerman, commandeur de 1re classe de l'ordre de Wasa, etc., etc., son Ministre Résident près S. M. C.;

Lesquels en vertu de leurs pleins pouvoirs, reconnus en bonne et due forme, ont arrêté les dispositions suivantes :

ARTICLE PREMIER.—Les conditions dans lesquelles la protection peut être accordée sont celles qui sont stipulées dans les traités britanniques et espagnols avec le Gouvernement marocain [1] et dans la

1. Traité général conclu entre la Grande-Bretagne et le Maroc, le 9 décembre 1856, art. 3. — Traité de commerce et de navigation conclu entre la Grande-Bretagne et le Maroc, le 9 décembre 1856.

convention survenue entre ce Gouvernement, la France et d'autres Puissances, en 1863 [1], sauf les modifications qui y sont apportées par la présente convention.

Art. 2. — Les Représentants étrangers, chefs de mission, pourront choisir leurs interprètes et employés parmi les sujets marocains et autres.

Ces protégés ne seront soumis à aucun droit, impôt ou taxe quelconque, en dehors de ce qui est stipulé aux articles 12 et 13.

Art. 3. — Les Consuls, Vice-consuls ou Agents consulaires, chefs de poste, qui résident dans les Etats du Sultan du Maroc, ne pourront choisir qu'un interprète, un soldat et deux domestiques parmi les sujets du Sultan, à moins qu'ils n'aient besoin d'un secrétaire indigène.

Ces protégés ne seront soumis non plus à aucun droit, impôt ou taxe quelconque, en dehors de ce qui est stipulé aux articles 12 et 13.

Art. 4. — Si un représentant nomme un sujet du Sultan à un poste d'Agent consulaire dans une ville de la côte, cet Agent sera respecté et honoré, ainsi que sa famille habitant sous le même toit, laquelle, comme lui-même, ne sera soumise à aucun droit, impôt ou taxe quelconque en dehors de ce

---

art. 4. — Traité de commerce conclu entre l'Espagne et le Maroc, le 20 novembre 1861, art. 3 et 47.

Consultez notre ouvrage : *Les Traités de commerce conclus par le Maroc avec les puissances étrangères.*

1. Règlement relatif à la protection arrêté entre la Légation de France et le Gouvernement marocain, le 19 août 1863.

Ce règlement est reproduit dans notre ouvrage : *Les Traités entre la France et le Maroc*, p. 339.

qui est stipulé aux articles 12 et 13, mais il n'aura pas le droit de protéger d'autres sujets du Sultan, en dehors de sa famille.

Il pourra, toutefois, pour l'exercice de ses fonctions, avoir un soldat protégé.

Les Gérants des Vice-consulats, sujets du Sultan, jouiront pendant l'exercice de leurs fonctions des mêmes droits que les Agents consulaires sujets du Sultan.

Art. 5. — Le Gouvernement marocain reconnaît aux Ministres, Chargés d'affaires et autres Représentants le droit qui leur est accordé par les traités, de choisir les personnes qu'ils emploient, soit à leur service personnel, soit à celui de leurs gouvernements, à moins toutefois que ce ne soient des cheiks ou autres employés du Gouvernement marocain, tels que les soldats de ligne ou de cavalerie, en dehors des maghaznias préposés à leur garde. De même ils ne pourront employer aucun sujet marocain sous le coup de poursuite.

Il reste entendu que les procès civils engagés avant la Protection se termineront devant les tribunaux qui en auront entamé la procédure.

L'exécution de la sentence ne rencontrera pas d'empêchement. Toutefois, l'autorité locale marocaine aura soin de communiquer immédiatement la sentence rendu à la Légation, Consulat ou Agence consulaire dont relève le protégé.

Quant aux ex-protégés qui auraient un procès commencé avant que la Protection eût cessé pour eux, leur affaire sera jugée par le tribunal qui en était saisi.

Le droit de protection ne pourra être exercé à l'égard des personnes poursuivies pour un délit ou un crime avant qu'elles n'aient été jugées par les autorités du pays et qu'elles n'aient, s'il y a lieu, accompli leur peine.

Art. 6. — La protection s'étend sur la famille du protégé, sa demeure est respectée.

Il est entendu que la famille ne se compose que de la femme, des enfants et des parents mineurs qui habitent sous le même toit.

La protection n'est pas héréditaire. Une seule exception déjà établie par la convention de 1863 et qui ne saurait créer un précédent est maintenu en faveur de la famille de Benchimol.

Cependant, si le Sultan du Maroc accordait une autre exception, chacune des Puissances contractantes aurait le droit de réclamer une concession semblable.

Art. 7. — Les Représentants étrangers informeront par écrit le Ministre des Affaires étrangères du choix qu'ils auront fait des employés.

Ils communiqueront chaque année audit Ministre une liste nominative des personnes qu'ils protègent ou qui sont protégées par leurs Agents dans les Etats du Sultan du Maroc.

Cette liste sera transmise aux autorités locales qui ne considèreront comme protégés que ceux qui y sont inscrits.

Art. 8. — Les agents consulaires remettront chaque année à l'autorité du pays qu'ils habitent une liste, revêtue de leur sceau, des personnes qu'ils protègent. Cette autorité la transmettra au Ministre des affaires étrangères afin que si elle n'est pas conforme aux Règlements, les Représentants à Tanger en soient informés.

L'officier consulaire sera tenu d'annoncer immédiatement les changements survenus dans le personnel protégé de son Consulat.

Art. 9. — Les domestiques, fermiers et autres employés indigènes des secrétaires ou interprètes indigènes ne jouissent pas de la Protection. Il en est de même pour les employés ou domestiques marocains des sujets étrangers.

Toutefois, les autorités locales ne pourront arrêter un employé ou un domestique d'un fonctionnaire indigène au service d'une Légation ou d'un Consulat, ou d'un sujet ou protégé étranger, sans en avoir prévenu l'autorité dont il dépend.

Si un sujet marocain au service d'un sujet étranger venait à tuer quelqu'un, à le blesser ou à violer son domicile, il serait immédiatement arrêté, mais l'autorité diplomatique ou consulaire sous laquelle il est placé serait avertie sans retard.

Art. 10. — Il n'est rien changé à la situation des censaux, telle qu'elle a été établie par les traités et par la Convention de 1863[1], sauf ce qui est stipulé relativement aux impôts à l'article suivant :

Art. 11. — Le droit de propriété au Maroc est reconnu pour tous les étrangers.

L'achat de propriétés devra être effectué avec le consentement préalable du Gouvernement, et

1. Règlement relatif à la protection, arrêté le 19 août 1863, déjà cité.

les titres de ces propriétés seront soumis aux formes prescrites par les lois du pays.

Toute question qui pourrait surgir sur ce droit sera décidée d'après ces mêmes lois, avec l'appel du Ministre des Affaires étrangères stipulé dans les traités [1].

Art. 12. — Les étrangers et les protégés propriétaires ou locataires de terrains cultivés, ainsi que les censaux admis à l'agriculture, payeront l'impôt agricole. Ils remettront chaque année à leur consul la note exacte de ce qu'ils possèdent, en acquittant entre ses mains le montant de l'impôt.

Celui qui fera une fausse déclaration payera, à titre d'amende, le double de l'impôt qu'il aurait dû régulièrement verser pour les biens non déclarés. En cas de récidive cete amende sera doublée.

La nature, le mode, la date et la quotité de cet impôt seront l'objet d'un règlement spécial entre les Représentants des Puissances et le Ministre des affaires étrangères de S. M. Chérifienne.

Art. 13. — Les étrangers, les protégés et les censaux propriétaires de bêtes de somme payeront la taxe *dite des portes*. La quotité et le mode de perception de cette taxe, commune aux étrangers et aux indigènes, seront également l'objet d'un règlement spécial entre les représentants des Puissances et le Ministre des affaires étrangères de S. M. Chérifienne.

---

1. Il est question de cette voie de recours dans les traités de 1856 et de 1861, conclus par le Maroc avec l'Angleterre et l'Espagne.

La dite taxe ne pourra être augmentée sans un nouvel accord avec les Représentants des Puissances[1].

Art. 14. — La médiation des interprètes, secrétaires indigènes ou soldats des différentes Légations ou Consulats, lorsqu'il s'agira de personnes non placées sous la protection de la Légation ou du Consulat, ne sera admise qu'autant qu'ils seront porteurs d'un document signé par le chef de mission ou par l'autorité consulaire.

Art. 15. — Tout sujet marocain naturalisé à l'étranger, qui reviendra au Maroc, devra, après un temps de séjour égal à celui qui aura été régulièrement nécessaire pour obtenir la naturalisation, opter entre sa soumission entière aux lois de l'Empire ou l'obligation de quitter le Maroc, à moins qu'il ne soit constaté que la naturalisation étrangère a été obtenue avec l'assentiment du Gouvernement marocain.

La naturalisation étrangère acquise jusqu'à ce jour par des sujets marocains, suivant les règles établies par les lois de chaque pays, leur est maintenue pour tous ses effets, sans restriction aucune.

Art. 16. — Aucune protection irrégulière ni officieuse ne pourra être accordée à l'avenir.

Les autorités marocaines ne reconnaîtront jamais d'autres protections, quelle que soit leur nature, que celles qui sont expressément arrêtées dans cette convention.

---

1. Règlement concernant les impôts à percevoir des étrangers et des protégés, en date du 30 mars 1881.

Ce règlement est reproduit dans notre ouvrage : *Les Traités de la France avec les pays de l'Afrique du Nord*, p. 352.

Cependant l'exercice du droit consuétudinaire de Protection sera réservé aux seuls cas où il s'agirait de récompenser des services signalés rendus par un marocain à une puissance étrangère, ou pour d'autres motifs tout à fait exceptionnels. La nature des services et l'intention de les récompenser par la Protection seront préalablement notifiés au Ministre des Affaires étrangères à Tanger afin qu'il puisse au besoin présenter ses observations; la résolution définitive restera néanmoins réservée au Gouvernement auquel le service aura été rendu. Le nombre de ces protégés ne pourra dépasser celui de douze par Puissance, qui reste fixé comme maximum, à moins d'obtenir l'assentiment du Sultan.

La situation des protégés qui ont obtenu la protection en vertu de la coutume désormais réglée par la présente disposition sera, sans limitation du nombre pour les protégés actuels de cette catégorie, identique pour eux et pour leur famille, à celle qui est établie pour les autres protégés.

Art. 17. — Le droit au *traitement de la nation la plus favorisée* est reconnu par le Maroc à toutes les Puissances représentées à la Conférence de Madrid[1].

Art. 18. — La présente convention sera ratifiée. Les ratifications seront échangées à Tanger dans le plus bref délai possible[2].

---

1. Voir ce que nous disons à propos de la portée de cet article 17 à la page 88, note 10.

2. Séance tenue à Tanger, le 1er mai 1881, pour l'échange de ratifications.

Par le consentement exceptionnel des Hautes Parties contractantes, les dispositions de la présente convention entreront en vigueur à partir du jour de la signature à Madrid.

En foi de quoi, les Plénipotentiaires respectifs ont signé la présente Convention et y ont apposé le sceau de leurs armes.

Fait à Madrid, en treize exemplaires, le 3 juillet 1880.

DOCUMENT N° 2

Acte général de la Conférence internationale d'Algéciras, signé le 7 avril 1906[1]

Au nom de Dieu Tout Puissant,

Sa Majesté l'Empereur d'Allemagne, Roi de Prusse, au nom de l'Empire Allemand;

Sa Majesté l'Empereur d'Autriche, Roi de Bohême, etc., et Roi Apostolique de Hongrie;

Sa Majesté le Roi des Belges;

Sa Majesté le Roi d'Espagne;

Le Président des Etats-Unis d'Amérique;

Le Président de la République Française;

Sa Majesté le Roi du Royaume-Uni de la Grande-Bretagne et d'Irlande et des territoires Britanniques au-delà des mers, Empereur des Indes;

Sa Majesté le Roi d'Italie;

Sa Majesté le Sultan du Maroc;

---

1. Sur cet acte de la conférence, consultez :

André TARDIEU, *La Conférence d'Algésiras.* — BÉRARD, *L'affaire marocaine.* — André MÉVIL, *De la paix de Francfort à la Conférence d'Algésiras.* — Alcide EBRAY, *La France qui meurt.* — René MOULIN, *Le Maroc et les relations franco-allemandes. Revue hebdomadaire,* 21 septembre 1907.— Henri LORIN, *La Conférence d'Algésiras et la situation présente de la France au Maroc, Revue générale de droit international public,* t. XIII, 1906, p. 263. — A. TARDIEU, *A Algésiras. La crise décisive. Revue des Deux-Mondes,* n° du 1er mars 1907. — *** *Introduction historique à la Conférence d'Algésiras. Le Correspondant,* n° du 25 janvier 1906.

Bulletin du Comité de l'Afrique française, 1906, p. 7, 18, 36, 62, 107, 134, 274, sup. 1, 117, 144, 155, 182, 241, 405, 416, 418, 420. — 1907, p. 77. — 1910, sup. p. 8. — 1911, p. 99.

Sa Majesté la Reine des Pays-Bas;

Sa Majesté le Roi de Portugal et des Algarves etc., etc.,

Sa Majesté l'Empereur de toutes les Russies;

Sa Majesté le Roi de Suède;

S'inspirant de l'intérêt qui s'attache à ce que l'ordre, la paix et la prospérité règnent au Maroc, et ayant reconnu que ce but précieux ne saurait être atteint que moyennant l'introduction de réformes basées sur le triple principe de la souveraineté de Sa Majesté le Sultan, de l'intégrité de ses Etats et de la liberté économique sans aucune inégalité, ont résolu sur l'invitation qui Leur a été adressée par Sa Majesté Chérifienne, de réunir une Conférence à Algeciras pour arriver à une entente sur lesdites réformes, ainsi que pour examiner les moyens de se procurer les ressources nécessaires à leur application et ont nommé pour Leurs Délégués Plénipotentiaires, savoir :

Sa Majesté l'Empereur d'Allemagne, roi de Prusse au nom de l'Empire Allemand :

Le Sieur Joseph DE RADOWITZ, Son Ambassadeur Extraordinaire et Plénipotentiaire près Sa Majesté Catholique, et

Le Sieur Christian, Comte DE TATTENBACH, Son Envoyé extraordinaire et Ministre plénipotentiaire près Sa Majesté Très Fidèle;

Sa Majesté l'Empereur d'Autriche, Roi de Bohême, etc., et Roi Apostolique de Hongrie :

Le Sieur Rodolphe, comte DE WELSERDSHEIMB, Son Ambassadeur extraordinaire et Plénipotentiaire près Sa Majesté Catholique, et

Le Sieur Léopold, comte BOLESTA KOZIEBRODZKI, Son envoyé extraordinaire et Ministre plénipotentiaire au Maroc;

Sa Majesté le Roi des Belges :

Le Sieur Maurice, Baron JOOSTENS, Son Envoyé extraordinaire et Ministre plénipotentiaire près Sa Majesté Catholique, et

Le Sieur Conrad, comte DE BUISSERET-STEENBECQUE DE BLARENGHIEN, Son Envoyé extraordinaire et Ministre plénipotentiaire au Maroc;

Sa Majesté le Roi d'Espagne :

Don Juan Manuel SANCHEZ Y GUTIERREZ DE CASTRO, Duc DE ALMODOVAR DEL RIO, Son Ministre d'Etat, et

Don Juan PÉREZ-CABALLERO Y FERRER, Son Envoyé extraordinaire et Ministre plénipotentiaire près Sa Majesté le Roi des Belges;

Le Président des Etats-Unis d'Amérique :

Le Sieur Henry WHITE, Ambassadeur extraordinaire et Plénipotentiaire des Etats-Unis d'Amérique près Sa Majesté le Roi d'Italie, et

Le Sieur Samuel R. GUMMERÉ, Envoyé extraordinaire et Ministre plénipotentiaire des Etats-Unis d'Amérique au Maroc;

Le Président de la République Française :

Le Sieur Paul RÉVOIL, Ambassadeur extraordinaire et Plénipotentiaire de la République Française auprès de la Confédération Suisse, et

Le Sieur Eugène REGNAULT, Ministre plénipotentiaire;

Sa Majesté le Roi du Royaume-Uni de la Grande Bretagne et d'Irlande et des territoires Britanniques au-delà des Mers, Empereur des Indes :

Sir Arthur NICOLSON, Son Ambassadeur extraordinaire et Plénipotentiaire près Sa Majesté l'Empereur de toutes les Russies;

Sa Majesté le Roi d'Italie :

Le Sieur Emile, Marquis VISCONTI VENOSTA, Chevalier de l'Ordre de la Très Sainte Annonciade, et

Le Sieur GIULIO MALMUSI, Son Envoyé extraordinaire et Ministre plénipotentiaire au Maroc;

Sa Majesté le Sultan du Maroc :

EL HADJ MOHAMED BEN-EL ARBI ETTORRÉS, Son Délégué à Tanger et Son Ambassadeur extraordinaire.

EL HADJ MOHAMED BEN ABDESSELAM EL MOKRI, Son Ministre des dépenses,

EL HADJ MOHAMED ES-SEFFAR, et

SID ABDERRHAMAN BENNIS;

Sa Majesté la Reine des Pays-Bas :

Le Sieur JONKHEER HANNIBAL TESTA, Son Envoyé extraordinaire et Ministre plénipotentiaire près Sa Majesté Catholique;

Sa Majesté le Roi de Portugal et des Algarves, etc., etc., etc., etc. :

Le Sieur Antoine, Comte DE TOVAR, Son Envoyé extraordinaire et Ministre plénipotentiaire près Sa Majesté Catholique, et

Le Sieur François-Robert, Comte DE MARTENS-FERRAO, Pair du Royaume, Son Envoyé extraordinaire et Ministre plénipotentiaire au Maroc;

Sa Majesté l'Empereur de toutes les Russies :

Le Sieur Arthur, Comte CASSINI, Son Ambassadeur extraordinaire et plénipotentiaire près Sa Majesté Catholique, et

Le Sieur Basile de Bacheracht, Son Ministre au Maroc;

Sa Majesté le Roi de Suède :

Le Sieur Robert Sager, Son Envoyé extraordinaire et ministre plénipotentiaire près Sa Majesté Catholique et près Sa Majesté Très Fidèle.

Lesquels munis de pleins pouvoirs qui ont été trouvés en bonne et due forme, ont, conformément au programme sur lequel S. M. Chérifienne et les Puissances sont tombées d'accord, successivement discuté et adopté :

I. Une déclaration relative à l'organisation de la police;

II. Un règlement organisant la surveillance et la répression de la contrebande des armes;

III. Un acte de concession d'une Banque d'Etat marocaine;

IV. Une Déclaration concernant un meilleur rendement des impôts et la création de nouveaux revenus;

V. Un Règlement sur les Douanes de l'Empire et la répression de la fraude et de la contrebande;

VI. Une Déclaration relative aux services publics et aux travaux publics et, ayant jugé que ces différents documents pourraient être utilement coordonnés en un seul instrument, les ont réunis en un Acte général composé des articles suivants :

CHAPITRE 1er

Déclaration relative à l'organisation de la police

Article premier. — La Conférence appelée par S. M. le Sultan à se prononcer sur les mesures nécessaires pour organiser la police, déclare que les dispositions à prendre sont les suivantes :

Art. 2. — La police sera placée sous l'autorité souveraine de S. M. le Sultan. Elle sera recrutée par le Makhzen parmi les musulmans marocains, commandée par des Caïds marocains et répartie dans les huit ports ouverts au commerce [1].

Art. 3. — Pour venir en aide au Sultan dans l'organisation de cette police, les officiers et sous-officiers instructeurs espagnols, des officiers et sous-officiers instructeurs français seront mis à sa disposition par leurs Gouvernements respectifs, qui soumettront leur désignation à l'agrément de Sa Majesté Chérifienne. Un contrat passé entre le Makhzen et les instructeurs, en conformité du règlement prévu à l'article 4, déterminera les conditions de leur engagement et fixera leur solde, qui ne pourra pas être inférieure au double de la solde correspondante au grade de chaque officier ou sous-officier. Il leur sera alloué, en outre, une indemnité de résidence, variable suivant les localités. Des logements convenables seront mis à leur

---

1. Ces ports ouverts au commerce sont les suivants :
Tanger, Casablanca, Mogador, Larache, Rabat, Mazagan, Saffi et Tetouan.

disposition par le Makhzen qui fournira également les montures et les fourrages nécessaires.

Les Gouvernements auxquels ressortissent les instructeurs se réservent le droit de les rappeler et de les remplacer par d'autres, agréés et engagés dans les mêmes conditions.

Art. 4. — Ces officiers et sous-officiers prêteront pour une durée de cinq années à dater de la ratification de l'Acte de la Conférence, leur concours à l'organisation des corps de police chérifiens. Ils assureront l'instruction et la discipline conformément au règlement qui sera établi sur la matière ; ils veilleront également à ce que les hommes enrôlés possèdent l'aptitude au service militaire. D'une façon générale, ils devront surveiller l'administration des troupes et contrôler le payement de la solde qui sera effectué par l'Amin, assisté de l'officier instructeur comptable. Ils prêteront aux autorités marocaines, investies du commandement des corps, leur concours technique pour l'exercice de ce commandement.

Les dispositions règlementaires propres à assurer le recrutement, la discipline, l'instruction et l'administration des corps de police seront arrêtées d'un commun accord entre le Ministre de la guerre chérifien ou son délégué, l'inspecteur prévu à l'article 7, l'instructeur français et l'instructeur espagnol les plus élevés en grade.

Le règlement devra être soumis au Corps Diplomatique à Tanger qui formulera son avis dans le délai d'un mois. Passé ce délai, le règlement sera mis en application.

Art. 5. — L'effectif total des troupes de police ne devra pas dépasser deux mille cinq cents hommes, ni être inférieur à deux mille. Il sera réparti suivant l'importance des ports par groupe variant de cent cinquante à six cents hommes. Le nombre des officiers espagnols et français sera de seize à vingt; celui des sous-officiers espagnols et français de trente à quarante.

Art. 6. — Les fonds nécessaires à l'entretien et au payement de la solde des troupes, des officiers et sous-officiers instructeurs, seront avancés au Trésor chérifien par la Banque d'Etat, dans les limites du budget annuel attribué à la police, qui ne devra pas dépasser deux millions et demi de pesetas pour un effectif de deux mille cinq cents hommes.

Art. 7. — Le fonctionnement de la police fera, pendant la même période de cinq années, l'objet d'une inspection générale, qui sera confiée par Sa Majesté Chérifienne à un officier supérieur de l'armée suisse dont le choix sera proposé à Son agrément par le Gouvernement fédéral suisse.

Cet officier prendra le titre d'Inspecteur général et aura sa résidence à Tanger.

Il inspectera au moins une fois par an, les divers corps de police et, à la suite de ces inspections, il établira un rapport qu'il adressera au Makhzen.

En dehors des rapports réguliers, il pourra, s'il le juge nécessaire, établir des rapports spéciaux sur toute question concernant le fonctionnement de la police.

Sans intervenir directement dans le commandement ou l'instruction, l'Inspecteur général se rendra compte des résultats obtenus par la police chérifienne au point de vue du maintien de l'ordre et de la sécurité dans les localités où cette police sera installée.

Art. 8. — Les rapports et communications, faits au Makhzen par l'Inspecteur général au sujet de sa mission, seront en même temps remis en copie au Doyen du Corps Diplomatique à Tanger, afin que le Corps Diplomatique soit mis à même de constater que la police chérifienne fonctionne conformément aux décisions prises par la Conférence et de surveiller si elle garantit, d'une manière efficace et conforme aux traités, la sécurité des personnes et des biens des ressortissants étrangers, ainsi que celle des transactions commerciales.

Art. 9. — En cas de réclamations dont le Corps Diplomatique serait saisi par la Légation intéressée, le Corps Diplomatique pourra, en avisant le Représentant du Sultan, demander à l'Inspecteur général de faire une enquête et d'établir un rapport sur ces réclamations, à toutes fins utiles.

Art. 10. — L'Inspecteur général recevra un traitement annuel de vingt-cinq mille francs. Il lui sera alloué en outre une indemnité de six mille francs pour frais de tournée. Le Makhzen mettra à sa disposition une maison convenable et pourvoira à l'entretien de ses chevaux.

Art. 11. — Les conditions matérielles de son engagement et de son installation, prévues à l'article 10, feront l'objet d'un contrat passé entre lui et le Makhzen. Ce contrat sera communiqué en copie au Corps Diplomatique.

Art. 12. — Le cadre des instructeurs de la police chérifienne (officiers et sous-officiers) sera espagnol à Tétouan, mixte à Tanger, espagnol à Larache, français à Rabat, mixte à Casablanca et français dans les trois autres ports.

CHAPITRE II

Règlement organisant la surveillance et la répression de la contrebande des armes

Art. 13. — Sont prohibés dans toute l'étendue de l'Empire chérifien, sauf dans les cas spécifiés aux articles 14 et 15, l'importation et le commerce des armes de guerre, pièces d'armes, munitions chargées ou non chargées de toutes espèces, poudres et salpêtres, fulmi-coton, nitro-glycérine et toutes compositions destinées exclusivement à la fabrication des munitions.

Art. 15. — Les armes, pièces d'armes et munitions destinées aux troupes de Sa Majesté Chérifienne seront admises après l'accomplissement des formalités suivantes :

Une déclaration, signée par le ministre de la guerre marocain, énonçant le nombre et l'espèce des fournitures de ce genre commandées à l'industrie étrangère, devra être présentée à la Légation du pays d'origine qui y apposera son visa.

Le dédouanement des caisses et colis contenant les armes et munitions, livrées en exécution de la commande du Gouvernement marocain, sera opéré sur la production :

1° De la déclaration spécifiée ci-dessus;

2° Du connaissement indiquant le nombre, le poids des colis, le nombre et l'espèce des armes et munitions qu'ils contiennent. Ce document devra être visé par la Légation du pays d'origine qui marquera au verso les quantités successives précédemment dédouanées. Le visa sera refusé à partir du moment où la commande aura été intégralement livrée.

Art. 16. — L'importation des armes de chasse et de luxe, pièces d'armes, cartouches chargées et non chargées est également interdite. Elle pourra, toutefois, être autorisée :

1° Pour les besoins strictement personnels de l'importateur;

2° Pour l'approvisionnement des magasins d'armes autorisés conformément à l'article 18.

Art. 17. — Les armes et munitions de chasse ou de luxe seront admises pour les besoins strictement personnels de l'importateur, sur la production d'un permis délivré par le représentant du Makhzen à Tanger. Si l'importateur est étranger, le permis ne sera établi que sur la demande de la Légation dont il relève.

En ce qui concerne les munitions de chasse, chaque permis portera au maximum sur 1,000 cartouches ou les fournitures nécessaires à la fabrication de 1,000 cartouches.

Le permis ne sera donné qu'à des personnes n'ayant encouru aucune condamnation correctionnelle.

Art. 18. — Le commerce des armes de chasse et

de luxe non rayées, de fabrication étrangère, ainsi que des munitions qui s'y rapportent, sera réglementé, dès que les circonstances le permettront, par décision chérifienne, prise conformément à l'avis du Corps Diplomatique à Tanger, statuant à la majorité des voix. Il en sera de même des décisions, ayant pour but de suspendre ou de restreindre l'exercice de ce commerce.

Seules, les personnes ayant obtenu une licence spéciale et temporaire du Gouvernement marocain seront admises à ouvrir et exploiter des débits d'armes et de munitions de chasse. Cette licence ne sera accordée que sur demande écrite de l'intéressé appuyée d'un avis favorable de la Légation dont il relève.

Des règlements pris dans la forme indiquée au paragraphe 1er de cet article détermineront le nombre des débits pouvant être ouverts à Tanger, et éventuellement dans les ports qui seront ultérieurement désignés. Ils fixeront les formalités imposées à l'importation des explosifs à l'usage de l'industrie et des travaux publics, des armes et munitions destinés à l'approvisionnement des débits, ainsi que les quantités maxima qui pourront être conservées en dépôt.

En cas d'infraction aux prescriptions réglementaires, la licence pourra être retirée à titre temporaire ou à titre définitif, sans préjudice des autres peines encourues par les délinquants.

Art. 19. — Toute introduction ou tentative d'introduction de marchandises prohibées donnera lieu à leur confiscation et, en outre, aux peines et amendes ci-dessous, qui seront prononcées par la juridiction compétente.

Art. 20. — L'introduction ou tentative d'introduction par un port ouvert au commerce ou par un bureau de douane sera punie :

1° D'une amende de cinq cents à deux mille pesetas et d'une amende supplémentaire égale à trois fois la valeur de la marchandise importée;

2° D'un emprisonnement de cinq jours à un an ou de l'une des deux pénalités seulement.

Art. 21. — L'introduction ou tentative d'introduction, en dehors d'un port ouvert au commerce ou d'un bureau de douane sera punie :

1° D'une amende de mille à cinq mille pesetas et d'une amende supplémentaire égale à trois fois la valeur de la marchandise importée;

2° D'un emprisonnement de trois mois à deux ans; ou de l'une des deux pénalités seulement.

Art. 22. — La vente frauduleuse, le recel et le colportage des marchandises prohibées par le présent règlement seront punis des peines édictées à l'article 20.

Art. 23. — Les complices des délits prévus aux articles 20, 21 et 22, seront passibles des mêmes peines que les auteurs principaux. Les éléments caractérisant la complicité seront appréciés d'après la législation du tribunal saisi.

Art. 24. — Quand il y aura des indices sérieux, faisant soupçonner qu'un navire mouillé dans un port ouvert au commerce transporte, en vue de leur introduction au Maroc, des armes, des munitions ou d'autres marchandises prohibées, les agents de la douane chérifienne devront signaler ces indices à l'autorité consulaire compétente afin que celle-ci procède, avec l'assistance d'un délégué de la douane chérifienne, aux enquêtes, vérifications ou visites qu'elle jugera nécessaires.

Art. 25. — Dans le cas d'introduction ou de tentatives d'introduction par mer de marchandises prohibées, en dehors d'un port ouvert au commerce, la douane marocaine pourra amener le navire au port le plus proche pour être remis à l'autorité consulaire, laquelle pourra le saisir et maintenir la saisie jusqu'au payement des amendes prononcées. Toutefois, la saisie du navire devra être levée, en tout état de l'instance, en tant que cette mesure n'entravera pas l'instruction judiciaire, sur consignation du montant maximum de l'amende entre les mains de l'autorité consulaire ou sous caution solvable de la payer, acceptée par la douane.

Art. 26. — Le Makhzen conservera les marchandises confisquées, soit pour son propre usage, si elles peuvent lui servir, à condition que les sujets de l'Empire ne puissent s'en procurer, soit pour les faire vendre en pays étranger.

Les moyens de transport à terre pourront être confisqués et seront vendus au profit du Trésor chérifien.

Art. 27. — La vente des armes réformées par le Gouvernement marocain sera prohibée dans toute l'étendue de l'Empire chérifien.

Art. 28. — Des primes, à prélever sur le montant des amendes prononcées, seront attribuées aux indicateurs qui auront amené la découverte des marchandises prohibées et aux agents qui en auront opéré la saisie; ces primes seront ainsi attribuées après déduction, s'il y a lieu, des frais du procès, un tiers à répartir par la douane entre les indicateurs, un tiers aux agents ayant saisi la marchandise, et un tiers au Trésor marocain.

Si la saisie a été opérée sans l'intervention d'un indicateur, la moitié des amendes sera attribuée aux agents saisissants et l'autre moitié au Trésor chérifien.

Art. 29. — Les autorités douanières marocaines devront signaler directement aux agents diplomatiques ou consulaires les infractions au présent règlement commises par leurs ressortissants, afin que ceux-ci soient poursuivis devant la juridiction compétente.

Les mêmes infractions, commises par des sujets marocains, seront déférées directement par la douane à l'autorité chérifienne.

Un délégué de la douane sera chargé de suivre la procédure des affaires pendantes devant les diverses juridictions.

Art. 30. — Dans la région frontière de l'Algérie, l'application du règlement sur la contrebande des armes restera l'affaire exclusive de la France et du Maroc [1].

De même, l'application du règlement sur la contrebande des armes dans le Riff, et en général dans

---

1. Cela est conforme aux accords franco-allemands du 8 juillet 1905 et du 28 septembre 1905. Voir aux pages 79 et 82.

les régions frontières des possessions espagnoles, restera l'affaire exclusive de l'Espagne et du Maroc.

CHAPITRE III

Acte de concession d'une Banque d'Etat

Art. 31. — Une Banque sera instituée au Maroc, sous le nom de « Banque d'Etat du Maroc », pour exercer les droits ci-après spécifiés dont la concession lui est accordée par S. M. le Sultan pour une durée de quarante années, à partir de la ratification du présent Acte.

Art. 32. — La Banque, qui pourra exécuter toutes les opérations rentrant dans les attributions d'une banque, aura le privilège exclusif d'émettre des billets au porteur, remboursables à présentation, ayant force libératoire dans les caisses publiques de l'Empire marocain.

La Banque maintiendra, pour le terme de deux ans, à compter de la date de son entrée en fonctions, une encaisse, au moins égale à la moitié de ses billets en circulation et au moins égale au tiers, après cette période de deux ans révolue. Cette encaisse sera constituée pour au moins un tiers en or ou monnaie d'or.

Art. 33. — La Banque remplira, à l'exclusion de toute autre banque ou établissement de crédit, les fonctions de trésorier-payeur de l'Empire. A cet effet, le Gouvernement marocain prendra les mesures nécessaires pour faire verser dans les caisses de la Banque les revenus des douanes, à l'exclusion de la partie affectée au service de l'emprunt 1904 et les autres revenus qu'il désignera.

Quant au produit de la taxe spéciale créée en vue de l'accomplissement de certains travaux publics, le Gouvernement marocain devra le faire verser à la Banque, ainsi que les revenus qu'il pourrait ultérieurement affecter à la garantie de ses emprunts, la Banque étant spécialement chargée d'en assurer le service, à l'exception toutefois de l'emprunt 1904[1], qui se trouve régi par un contrat spécial[2].

Art. 34. — La Banque sera l'agent financier du Gouvernement, tant au dedans qu'au dehors de l'Empire, sans préjudice du droit pour le Gouvernement de s'adresser à d'autres maisons de banque ou établissements de crédit pour ses emprunts publics. Toutefois pour les dits emprunts, la Banque jouira d'un droit de préférence, à conditions égales, sur toute maison de banque ou établissements de crédit.

Mais, pour les bons du Trésor et autres effets de trésorerie à court terme que le Gouvernement marocain voudrait négocier, sans en faire l'objet d'une émission publique, la Banque sera chargée, à l'exclusion de tout autre établissement, d'en faire, pour le compte du Gouvernement marocain, la négociation, soit au Maroc, soit à l'étranger.

Art. 35. — A valoir sur les rentrées du Trésor, la Banque fera au Gouvernement marocain, des

1. Le montant de cet emprunt s'élevait à 62 millions et demi.

2. Contrat d'emprunt passé le 12 juin 1904.
Livre Jaune, 1901-1905. Affaires marocaines, p. 142.

avances en compte courant jusqu'à concurrence d'un million de francs.

La Banque ouvrira, en outre, au Gouvernement, pour une durée de dix ans à partir de sa constitution, un crédit qui ne pourra pas dépasser les deux tiers de son capital initial.

Ce crédit sera réparti sur plusieurs années et employé en premier lieu aux dépenses d'installation et d'entretien des corps de police, organisés conformément aux décisions prises par la Conférence, et subsidiairement, aux dépenses de travaux d'intérêt général qui ne serait pas imputées sur le fonds spécial prévu à l'article suivant.

Le taux de ces deux avances sera au maximum de sept pour cent, commission de banque comprise, et la Banque pourra demander au Gouvernement de lui remettre en garantie de leur montant une somme équivalente en Bons du Trésor.

Si avant l'expiration des dix années le Gouvernement marocain venait à contracter un emprunt, la Banque aurait la faculté d'obtenir le remboursement immédiat des avances faites conformément au deuxième alinéa du présent article.

Art. 36. — Le produit de la taxe spéciale (articles 33 et 36) formera un fonds spécial dont la Banque tiendra une comptabilité à part. Ce fonds sera employé conformément aux prescriptions arrêtées par la Conférence.

En cas d'insuffisance et à valoir sur les rentrées ultérieures, la Banque pourra ouvrir à ce fonds un crédit dont l'importance ne dépassera pas le montant des encaissements pendant l'année antérieure.

Les conditions de taux et de commissions seront les mêmes que celles fixées à l'article précédent pour l'avance en compte courant au Trésor.

Art. 37. — La Banque prendra les mesures qu'elle jugera utiles pour assainir la situation monétaire au Maroc. La monnaie espagnole continuera à être admise à la circulation avec force libératoire.

En conséquence, la Banque sera exclusivement chargée de l'achat des métaux précieux, de la frappe et de la refonte des monnaies, ainsi que de toutes autres opérations monétaires qu'elle fera pour le compte et au profit du Gouvernement marocain.

Art. 38. — La Banque, dont le siège social sera à Tanger, établira des succursales et agences dans les principales villes du Maroc et dans tout autre endroit où elle le jugera utile.

Art. 39. — Les emplacements nécessaires à l'établissement de la Banque, ainsi que de ses succursales et agences au Maroc, seront mis gratuitement à sa disposition par le Gouvernement et, à l'expiration de la concession, le Gouvernement en reprendra possession et remboursera à la Banque les frais de construction de ces établissements. La Banque sera, en outre, autorisée à acquérir tout bâtiment et terrain dont elle pourrait avoir besoin pour le même objet.

Art. 40. — Le Gouvernement chérifien assurera sous sa responsabilité la sécurité et la protection de la Banque, de ses succursales et agences. A cet effet, il mettra dans chaque ville une garde suffisante à la disposition de chacun de ces établissements.

Art. 41. — La Banque, ses succursales et agences seront exemptes de tout impôt ou redevance ordinaire ou extraordinaire, existants ou à créer; il en est de même pour les immeubles affectés à ses services, les titres et coupons de ses actions et ses billets. L'importation et l'exportation des métaux et monnaies, destinés aux opérations de la Banque, seront autorisées et exemptes de tout droit.

Art. 42. — Le Gouvernement chérifien exercera sa haute surveillance sur la Banque par un un Haut Commissaire marocain, nommé par lui après entente préalable avec le Conseil d'administration de la Banque.

Ce Haut Commissaire aura le droit de prendre connaissance de la gestion de la Banque; il contrôlera l'émission des billets de Banque et veillera à la stricte observation des dispositions de la concession.

Le Haut Commissaire devra signer chaque billet ou y apposer son sceau; il sera chargé de la surveillance des relations de la Banque avec le Trésor impérial.

Il ne pourra pas s'immiscer dans l'administration et la gestion des affaires de la Banque. Mais il aura toujours le droit d'assister aux réunions des Censeurs.

Le Gouvernement chérifien nommera un ou deux commissaires adjoints, qui seront spécialement chargés de contrôler les opérations financières du Trésor avec la Banque.

Art. 43. — Un règlement précisant les rapports

de la Banque et du Gouvernement marocain sera établi par le Comité spécial prévu à l'article 57, et approuvé par les Censeurs.

Art. 44. — La Banque constituée avec approbation du Gouvernement de Sa Majesté Chérifienne, sous la forme des Sociétés anonymes, est régie par la loi française sur la matière.

Art. 45. — Les actions intentées au Maroc par la Banque seront portées devant le tribunal consulaire du défendeur ou devant la juridiction marocaine, conformément aux règles de compétence établies par les traités et les firmans chérifiens.

Les actions, intentées au Maroc contre la Banque, seront portées devant un tribunal spécial, composé de trois magistrats consulaires et de deux assesseurs. Le Corps diplomatique établira, chaque année, la liste des magistrats, des assesseurs et de leurs suppléants.

Ce tribunal appliquera à ces causes les règlements de droit, de procédure et de compétence, édictés en matière commerciale par la législation française.

L'appel des jugements prononcés par ce tribusera porté devant la Cour fédérale de Lausanne qui statuera en dernier ressort.

Art. 46. — En cas de contestation sur les clauses de la concession ou de litiges pouvant survenir entre le Gouvernement marocain et la Banque, le différend sera soumis sans appel ni recours, à la Cour Fédérale de Lausanne.

Seront également soumises à cette Cour, sans appel ni recours, toutes les contestations qui pourraient s'élever entre les actionnaires et la Banque sur l'exécution des statuts ou à raison des affaires sociales.

Art. 47. — Les statuts de la Banque seront établis d'après les bases suivantes par un Comité spécial prévu à l'article 57. Ils seront approuvés par les Censeurs et ratifiés par l'Assemblée générale des actionnaires.

Art. 47. — L'Assemblée générale constitutive de la Société fixera le lieu où se tiendront les assemblées des actionnaires et les réunions du Conseil d'administration; toutefois, ce dernier aura la faculté de se réunir dans toute autre ville, s'il le juge utile.

La direction de la Banque sera fixée à Tanger.

Art. 49. — La Banque sera administrée par un Conseil d'administration composé d'autant de membres qu'il sera fait de parts dans le capital initial.

Les Administrateurs auront les pouvoirs les plus étendus pour l'administration et la gestion de la Société; ce sont eux notamment qui nommeront les directeurs, sous-directeurs et membres de la commission indiquée à l'article 54, ainsi que les directeurs des succursales et agences.

Tous les employés de la Société seront recrutés, autant que possible, parmi les ressortissants des diverses Puissances qui ont pris part à la souscription du capital.

Art. 50. — Les Administrateurs, dont la nomination sera faite par l'Assemblée générale des actionnaires, seront désignés à son agrément par les groupes souscripteurs du capital.

Le premier Conseil restera en fonctions pendant cinq années. A l'expiration de ce délai, il sera procédé à son renouvellement à raison de trois membres par an. Le sort déterminera l'ordre de sortie des Administrateurs; ils seront rééligibles.

A la constitution de la Société, chaque groupe souscripteur aura le droit de désigner autant d'administrateurs qu'il aura souscrit de parts entières, sans que les groupes soient obligés de porter leur choix sur un candidat de leur propre nationalité.

Les groupes souscripteurs ne conserveront leur droit de désignation des Administrateurs, lors du remplacement de ces derniers ou du renouvellement de leur mandat, qu'autant qu'ils pourront justifier être encore en possession de au moins la moitié de la part pour laquelle ils exercent ce droit.

Dans le cas où, par suite de ces dispositions, un groupe souscripteur ne se trouverait plus en mesure de désigner un administrateur, l'Assemblée générale des actionnaires pourvoirait directement à cette désignation.

Art. 51. — Chacun des établissements ci-après : Banque de l'Empire Allemand, Banque d'Angleterre, Banque d'Espagne, Banque de France, nommera, avec l'agrément de son Gouvernement, un Censeur auprès de la Banque d'Etat du Maroc.

Les Censeurs resteront en fonctions pendant quatre années. Les Censeurs sortants peuvent être désignés à nouveau.

En cas de décès ou de démission, il sera pourvu à la vacance par l'établissement qui a procédé à la désignation de l'ancien titulaire, mais seulement pour le temps où ce dernier devait rester en charge.

Art. 52. — Les Censeurs qui exerceront leur mandat en vertu du présent Acte des Puissances signataires devront, dans l'intérêt de celles-ci, veiller sur le bon fonctionnement de la Banque et assurer la stricte observation des clauses de la concession et des statuts. Ils veilleront à l'exact accomplissement des prescriptions concernant l'émission des billets et devront surveiller les opérations tendant à l'assainissement de la situation monétaire; mais ils ne pourront jamais, sous quelque prétexte que ce soit, s'immiscer dans la gestion des affaires, ni dans l'administration intérieure de la Banque.

Chacun des Censeurs pourra examiner en tout temps les comptes de la Banque, demander soit au Conseil d'administration, soit à la Direction, des informations sur la gestion de la Banque et assister aux réunions du Conseil d'administration, mais seulement avec voix consultative.

Les quatre Censeurs se réuniront à Tanger, dans l'exercice de leurs fonctions, au moins une fois tous les deux ans, à une date à concerter entre eux. D'autres réunions à Tanger ou ailleurs devront avoir lieu, si trois des Censeurs l'exigent.

Les quatre Censeurs dresseront d'un commun accord un rapport annuel qui sera annexé à celui du Conseil d'administration. Le Conseil d'administration transmettra, sans délai, une copie de ce rapport à chacun des Gouvernements signataires de l'Acte de la Conférence.

Art. 53. — Les émoluments et indemnités de déplacement, affectés aux Censeurs, seront établis par le Comité d'étude des statuts. Ils seront directement versés à ces agents par les Banques chargées de leur désignation et remboursés à ces établissements par la Banque d'Etat du Maroc.

Art. 54. — Il sera institué à Tanger auprès de la Direction une Commission des membres choisis par le Conseil d'administration, sans distinction de nationalité, parmi les notables résidant à Tanger, propriétaires d'actions de la Banque.

Cette Commission, qui sera présidée par un des Directeurs ou sous-directeurs, donnera son avis sur les escomptes et ouverture de crédit.

Elle adressera un rapport mensuel sur ces diverses questions au Conseil d'administration.

Art. 55. — Le capital dont l'importance sera fixée par le Comité spécial désigné à l'article 57, sans pouvoir être inférieur à quinze millions de francs, ni supérieur à vingt millions, sera formé en monnaie or, et les actions dont les coupures représenteront une valeur équivalente à cinq cents francs, seront libellées dans les diverses monnaies or à un change fixe, déterminé par les statuts.

Ce capital pourra être ultérieurement augmenté, en une ou plusieurs fois, par décision de l'assemblée générale des actionnaires.

La souscription de ces augmentations de capital sera réservée à tous les porteurs d'actions, sans distinction de groupes, proportionnellement aux titres possédés par chacun d'eux.

Art. 56. — Le capital initial de la Banque sera divisé en autant de parts égales qu'il y aura de parties prenantes parmi les Puissances représentées à la Conférence.

A cet effet, chaque Puissance désignera une banque qui exercera, soit pour elle-même, soit pour un groupe de banques, le droit de souscription ci-dessus spécifié, ainsi que le droit de désignation des administrateurs, prévu à l'article 50. Toute banque choisie comme chef de groupe pourra, avec l'autorisation de son Gouvernement, être remplacée par une autre banque du même pays.

Les Etats qui voudraient se prévaloir de leur droit de souscription, auront à communiquer cette intention au Gouvernement Royal d'Espagne dans un délai de quatre semaines, à partir de la signature du présent acte par les représentants des Puissances.

Toutefois, deux parts égales à celles réservées à chacun des groupes souscripteurs seront attribuées au Consortium des banques signataires du contrat du 12 juin 1904, en compensation de la cession qui sera faite par le *Consortium* à la Banque d'Etat du Maroc :

1° Des droits spécifiés à l'article 33 du contrat;

2° Du droit inscrit à l'article 32 (paragraphe 2) du contrat, concernant le solde disponible des recettes douanières, sous réserve expresse du privilège général, conféré en premier rang par l'article

11 du même contrat aux porteurs de titres sur la totalité du produit des douanes.

Art. 57. — Dans un délai de trois semaines, à partir de la souscription, notifiée par le Gouvernement Royal d'Espagne aux Puissances intéressées, un comité spécial, composé de délégués nommés par les groupes souscripteurs dans les conditions prévues à l'article 50 pour la nomination des Administrateurs, se réunira afin d'élaborer les statuts de la Banque.

L'Assemblée générale constitutive de la Société aura lieu dans un délai de deux mois, à partir de la ratification du présent Acte.

Le rôle du Comité spécial cessera aussitôt après la constitution de la Société.

Le Comité spécial fixera lui-même le lieu de ses réunions.

Art. 58. — Aucune modification aux statuts ne pourra être apportée, si ce n'est sur la proposition du Conseil d'administration et après avis conforme des Censeurs et du Haut Commissaire impérial.

Ces modifications devront être votées par l'Assemblée générale des actionnaires, à la majorité des trois quarts des membres présents ou représentés.

CHAPITRE IV

Déclaration concernant un meilleur rendement des impôts et la création de nouveaux revenus

Art. 59. — Dès que le *tertib*[1] sera mis à exécution d'une façon régulière à l'égard des sujets marocains

---

1. Réforme fiscale remplaçant les impôts coraniques par une taxe sur les terres arables, les arbres fruitiers et le bétail.

les Représentants des Puissances à Tanger y soumettront leurs ressortissants dans l'Empire. Mais il est entendu que le dit impôt ne sera appliqué aux étrangers :

a) Que dans les conditions fixées par le règlement du Corps Diplomatique à Tanger. en date du 23 novembre 1903;

b) Que dans les localités où il sera effectivement perçu sur les sujets marocains.

Les autorités consulaires retiendront un tantième pour cent des sommes encaissées sur leurs ressortissants pour couvrir les frais occasionnés par la rédaction des rôles et le recouvrement de la taxe.

Le taux de cette retenue sera fixé, d'un commun accord, par le Makhzen et le Corps Diplomatique à Tanger.

Art. 60. — Conformément au droit qui leur a été reconnu par l'article 11 de la Convention de Madrid, les étrangers pourront acquérir des propriétés dans toute l'étendue de l'Empire chérifien et Sa Majesté le Sultan donnera aux autorités administratives et judiciaires les instructions nécessaires pour que l'autorisation de passer les actes ne soit pas refusée sans motif légitime. Quant aux transmissions ultérieures par actes entre vifs ou après décès, elles continueront à s'exercer sans aucune entrave.

Dans les ports ouverts au commerce ou dans un rayon de dix kilomètres autour de ces ports, Sa Majesté le Sultan accorde d'une façon générale et sans qu'il soit désormais nécessaire de l'obtenir spécialement pour chaque achat de propriété pour les étrangers, le consentement exigé par l'article 11 de la Convention de Madrid [1].

A Ksar-el-Kebir, Arzila, Azemmour et, éventuellement dans d'autres localités du littoral ou de l'intérieur, l'autorisation générale ci-dessus mentionnée est également accordée aux étrangers, mais seulement pour les acquisitions dans un rayon de deux kilomètres autour de ces villes.

Partout où des étrangers auront acquis des propriétés, ils pourront élever des constructions en se conformant aux règlements et usages.

Avant d'autoriser la rédaction des actes transmissifs de propriété, le Cadi devra s'assurer, conformément à la loi musulmane, de la régularité des titres.

Le Makhzen désignera, dans chacune des villes et circonscriptions indiquées au présent article, le Cadi qui sera chargé d'effectuer ces vérifications.

Art. 61. — Dans le but de créer de nouvelles ressources au Makhzen, la Conférence reconnaît en principe qu'une taxe pourra être établie sur les constructions urbaines.

Une partie des recettes ainsi réalisées sera affectée aux besoins de la voirie et de l'hygiène municipales et, d'une façon générale, aux dépenses d'amélioration et d'entretien des villes.

La taxe sera due par le propriétaire marocain ou étranger sans aucune distinction; mais le locataire ou le détenteur de la clef en sera responsable envers le Trésor marocain.

---

1. Voir cette Convention à la page 89.

Un règlement édicté, d'un commun accord, par le Gouvernement chérifien et le Corps Diplomatique à Tanger, fixera le taux de la taxe, son mode de perception et d'application et déterminera la quotité des ressources ainsi créées qui devra être affectée aux dépenses d'amélioration et d'entretien des villes.

A Tanger, cette quotité sera versée au Conseil sanitaire international, qui en règlera l'emploi jusqu'à la création d'une organisation municipale.

Art. 62. — Sa Majesté Chérifienne, ayant décidé en 1901 que les fonctionnaires marocains, chargés de la perception des impôts agricoles, ne recevraient plus des populations ni *sokhra*[1], ni *mouna*[2], la Conférence estime que cette règle devra être généralisée autant que possible.

Art. 63. — Les Délégués chérifiens ont exposé que des biens *habous*[3] ou certaines propriétés domaniales, notamment des immeubles du Makhzen, occupés contre payement de la redevance de six pour cent, sont détenus par des ressortissants étrangers, sans titres réguliers ou en vertu de contrats sujets à revision. La Conférence, désireuse de remédier à cet état de choses, charge le Corps Diplomatique à Tanger de donner une solution équitable à ces deux questions, d'accord avec le Commissaire spécial que Sa Majesté Chérifienne voudra bien désigner à cet effet.

Art. 64. — La Conférence prend acte des propositions, formulées par les Délégués chérifiens,

1. Commission payée aux fonctionnaires du Maghzen.

2. Hospitalité fournie aux fonctionnaires du Maghzen.

3. Biens affectés à une œuvre pie ou d'utilité publique.

au sujet de la création de taxes sur certains commerces, industries et professions.

Si, à la suite de l'application de ces taxes aux sujets marocains, le Corps Diplomatique à Tanger estimait qu'il y a lieu de les étendre aux ressortissants étrangers, il est, dès à présent, spécifié que lesdites taxes sont exclusivement municipales.

Art. 65. — La Conférence se rallie à la proposition faite par la Délégation marocaine d'établir avec l'assistance du Corps Diplomatique :

a) Un droit de timbre sur les contrats et actes authentiques passés devant les adoul;

b) Un droit de mutation, au maximum de deux pour cent, sur les ventes immobilières;

c) Un droit de statistique et de pesage, au maximum de un pour cent *ad valorem*, sur les marchandises transportées par cabotage;

d) Un droit de passeport à percevoir sur les sujets marocains;

e) Eventuellement des droits de quais et de phares dont le produit devra être affecté à l'amélioration des ports.

Art. 66. — A titre temporaire, les marchandises d'origine étrangère seront frappées à leur entrée au Maroc d'une taxe spéciale s'élevant à deux et demi pour cent *ad valorem*. Le produit intégral de cette taxe formera un fonds spécial qui sera affecté aux dépenses et à l'exécution de travaux publics, destinés au développement de la navigation et du commerce en général dans l'Empire chérifien.

Le programme des travaux et leur ordre de priorité seront arrêtés, d'un commun accord, par le Gouvernement chérifien et par le Corps Diplomatique à Tanger.

Les études, devis, projets et cahiers des charges s'y rapportant seront établis par un ingénieur compétent, nommé par le Gouvernement chérifien, d'accord avec le Corps Diplomatique. Cet ingénieur pourra au besoin être assisté d'un ou plusieurs ingénieurs adjoints. Leur traitement sera imputé sur les fonds de la caisse spéciale.

Les fonds de la caisse spéciale seront déposés à la Banque d'Etat du Maroc, qui en tiendra la comptabilité.

Les adjudications publiques seront passées dans les formes et suivant les conditions générales prescrites par un règlement que le Corps Diplomatique à Tanger est chargé d'établir avec le Représentant de Sa Majesté Chérifienne.

Le bureau d'adjudication sera composé d'un représentant du Gouvernement chérifien, de trois délégués du Corps Diplomatique et de l'ingénieur.

L'adjudication sera prononcée en faveur du soumissionnaire qui, en se conformant aux prescriptions du cahier des charges, présentera l'offre remplissant les conditions générales les plus avantageuses.

En ce qui concerne les sommes provenant de la taxe spéciale, et qui seraient perçues dans les bureaux de douane établis dans les régions visées par l'article 103 du règlement sur les douanes, leur emploi sera réglé par le Makhzen avec l'agrément de la Puissance limitrophe, conformément aux prescriptions du présent article.

Art. 67. — La Conférence, sous réserve des observations présentées à ce sujet, émet le vœu que les droits d'exportation des marchandises ci-après soient réduits de la manière suivante :

Pois chiches	20 pour	100.
Maïs	20 —	100.
Orge	50 —	100.
Blé	34 —	100.

Art. 68. — Sa Majesté Chérifienne consentira à élever à dix mille le chiffre de six mille têtes de bétail de l'espèce bovine que chaque Puissance aura le droit d'exporter du Maroc. L'exportation pourra avoir lieu par tous les bureaux de douane. Si, par suite de circonstances malheureuses, une pénurie de bétail était constatée dans une région déterminée, Sa Majesté Chérifienne pourrait interdire temporairement la sortie du bétail par le port ou les ports qui desservent cette région. Cette mesure ne devra pas excéder une durée de deux années ; elle ne pourra pas être appliquée à la fois à tous les ports de l'Empire.

Il est d'ailleurs entendu que les dispositions précédentes ne modifient pas les autres conditions de l'exportation du bétail, fixées par des firmans antérieurs.

La Conférence émet, en outre, le vœu, qu'un service d'inspection vétérinaire soit organisé au plus tôt dans les ports de la côte.

Art. 69. — Conformément aux décisions antérieures de Sa Majesté Chérifienne et notamment à la décision du 28 septembre 1901, est autorisé entre tous les ports de l'Empire le transport par cabotage des céréales, graines, légumes, œufs, fruits, volailles, et en général des marchandises et animaux de toutes espèces, originaires ou non du Maroc, à l'exception des chevaux, mulets, ânes et chameaux, pour lesquels un permis spécial du Makhzen sera nécessaire. Le cabotage pourra être effectué par des bateaux de toute nationalité, sans que lesdits articles aient à payer les droits d'exportation, mais en se conformant aux droits spéciaux et aux règlements sur la matière.

Art. 70. — Le taux des droits de stationnement ou d'ancrage imposés aux navires dans les ports marocains se trouvant fixé par des traités passés avec certaines Puissances, ces Puissances se montrent disposées à consentir la révision desdits droits. Le Corps Diplomatique à Tanger est chargé d'établir, d'accord avec le Makhzen, les conditions de la révision qui ne pourra avoir lieu qu'après l'amélioration des ports.

Art. 71. — Les droits de magasinage en douane seront perçus dans tous les ports marocains où il existera des entrepôts suffisants, conformément aux règlements pris ou à prendre sur la matière par le Gouvernement de Sa Majesté Chérifienne d'accord avec le Corps Diplomatique à Tanger.

Art. 72. — L'opium et le kif continueront à faire l'objet d'un monopole au profit du Gouvernement chérifien. Néanmoins l'importation de l'opium spécialement destiné à des emplois pharmaceutiques sera autorisé par permis spécial, délivré par le Makhzen sur la demande de la Légation dont relève le pharmacien ou médecin importateur. Le

Gouvernement chérifien et le Corps Diplomatique règleront d'un commun accord, la quantité maxima à introduire.

Art. 73. — Les Représentants des Puissances prennent acte de l'intention du Gouvernement chérifien d'étendre aux tabacs de toutes sortes le monopole existant en ce qui concerne le tabac à priser. Ils réservent le droit de leurs ressortissants à être dûment indemnisés des préjudices que ledit monopole pourrait occasionner à ceux d'entre eux qui auraient des industries créées sous le régime actuel, concernant le tabac. A défaut d'entente amiable, l'indemnité sera fixé par des experts désignés par le Makhzen et par le Corps Diplomatique, en se conformant aux dispositions arrêtées en matière d'expropriation pour cause d'utilité publique.

Art. 74. — Le principe de l'adjudication, sans acception de nationalité, sera appliqué aux fermes concernant le monopole de l'opium et du kif. Il en serait de même pour le monopole du tabac, s'il était établi.

Art. 75. — Au cas où il y aurait lieu de modifier quelqu'une des dispositions de la présente déclaration, une entente devra s'établir à ce sujet entre le Makhzen et le Corps Diplomatique à Tanger.

Art. 76. — Dans tous les cas prévus par la présente déclaration où le Corps Diplomatique sera appelé à intervenir, sauf en ce qui concerne les articles 64, 70 et 75, les décisions seront prises à la majorité des voix.

CHAPITRE V

Règlement sur les douanes de l'Empire et la répression de la fraude et de la contrebande

Art. 77. — Tout capitaine de navire de commerce, venant de l'étranger ou du Maroc, devra, dans les vingt-quatre heures de son admission en libre pratique dans un des ports de l'Empire, déposer au bureau de douane une copie exacte de son manifeste, signée par lui et certifiée conforme par le consignataire du navire. Il devra, en outre, s'il en est requis, donner communication aux agents de la douane de l'original de son manifeste.

La douane aura la faculté d'installer à bord un ou plusieurs gardiens pour prévenir tout trafic illégal.

Art. 78.— Sont exempts du dépôt du manifeste :

1° Les bâtiments de guerre ou affrétés pour le compte d'une Puissance;

2° Les canots appartenant à des particuliers, qui s'en servent pour leur usage en s'abstenant de tout transport de marchandises;

3° Les bateaux ou embarcations employés à la pêche en vue des côtes;

4° Les yachts uniquement employés à la navigation de plaisance et enregistrés au port d'attache dans cette catégorie;

5° Les navires chargés spécialement de la pose et de la réparation des câbles télégraphiques;

6° Les bateaux uniquement affrétés au sauvetage;

7° Les bâtiments hospitaliers;

8° Les navires-écoles de la marine marchande, ne se livrant pas à des opérations commerciales.

Art. 79. — Le manifeste déposé à la douane, devra énoncer la nature et la provenance de la cargaison avec les marques et numéros des caisses, balles, ballots, barriques, etc.

Art. 80. — Quand il y aura des indices sérieux, faisant soupçonner l'inexactitude du manifeste, ou quand le capitaine de navire refusera de se prêter à la visite et aux vérifications des agents de la douane, le cas sera signalé à l'autorité consulaire compétente, afin que celle-ci procède avec un délégué de la douane chérifienne aux enquêtes, visites et vérifications qu'elle jugera nécessaires.

Art. 81. — Si, à l'expiration du délai de vingt-quatre heures indiqué à l'article 77, le capitaine n'a pas déposé son manifeste, il sera passible, à moins que le retard ne provienne d'un cas de force majeure, d'une amende de 150 pesetas par jour de retard, sans toutefois que cette amende puisse dépasser 600 pesetas. Si le capitaine a présenté frauduleusement un manifeste inexact ou incomplet, il sera personnellement condamné au payement d'une somme égale à la valeur des marchandises pour laquelle il n'a pas produit de manifeste et à une amende de 500 à 1,000 pesetas et le bâtiment et les marchandises pourront en outre être saisis par l'autorité consulaire compétente pour la sûreté de l'amende.

ART. 82. — Toute personne au moment de dédouaner les marchandises importées ou destinées à l'exportation, doit faire à la douane une déclaration détaillée, énonçant l'espèce, la qualité, le poids, le nombre, la mesure et la valeur des marchandises, ainsi que l'espèce, les marques et les numéros des colis qui les contiennent.

ART. 83. — Dans le cas où, lors de la visite, on trouvera moins de colis ou de marchandises qu'il n'en a été déclaré, le déclarant, à moins qu'il ne puisse justifier de sa bonne foi, devra payer double droit pour les marchandises manquant et les marchandises présentes seront retenues en douane pour la sûreté de ce double droit; si, au contraire, on trouve à la visite un excédent quant au nombre des colis, à la quantité ou au poids des marchandises, cet excédent sera saisi et confisqué au profit du Makhzen, à moins que le déclarant ne puisse justifier de sa bonne foi.

ART. 84. — Si la déclaration a été reconnue inexacte, quant à l'espèce ou à la qualité, si le déclarant ne peut justifier de sa bonne foi, les marchandises inexactement déclarées seront saisies et confisquées au profit du Makhzen par l'autorité compétente.

ART. 85. — Dans le cas où la déclaration serait reconnue inexacte quant à la valeur déclarée et si le déclarant ne peut justifier de sa bonne foi, la douane pourra, soit prélever le droit en nature séance tenante, soit, au cas où la marchandise est indivisible, acquérir ladite marchandise, en payant immédiatement au déclarant la valeur déclarée, augmentée de cinq pour cent.

Art. 86. — Si la déclaration est reconnue fausse, quant à la nature des marchandises, celles-ci seront considérées comme n'ayant pas été déclarées et l'infraction tombera sous l'application des articles 88 et 90 ci-après et sera punie des peines prévues auxdits articles.

Art. 87. — Toute tentative ou tout flagrant délit d'introduction, toute tentative ou tout flagrant délit d'exportation en contrebande de marchandises soumises aux droits, soit par mer, soit par terre, seront passibles de la confiscation des marchandises, sans préjudice des peines et amendes ci-dessous qui seront prononcées par la juridiction compétente.

Seront en outre saisis et confisqués les moyens de transport par terre, dans le cas où la contre bande constituera la partie principale du chargement.

Art. 88. — Toute tentative ou tout flagrant délit d'exportation en contrebande par un port ouvert au commerce ou par un bureau de douane, seront punis d'une amende ne dépassant pas le triple de la valeur des marchandises objets de la fraude, et d'un emprisonnement de cinq jours à six mois, ou de l'une des deux peines seulement.

Art. 89. — Toute tentative ou tout flagrant délit d'introduction, toute tentative ou tout flagrant délit d'exportation, en dehors d'un port ouvert au commerce ou d'un bureau de douane, seront punis d'une amende de 300 à 500 pesetas et d'une amende supplémentaire égale à trois fois la valeur de la marchandise, ou d'un emprisonnement d'un mois à un an.

Art. 90. — Les complices des délits prévus aux articles 88 et 89, seront passibles des mêmes peines que les auteurs principaux. Les éléments, caractérisant la complicité, seront appréciés par la législation du tribunal saisi.

Art. 91. — En cas de tentative ou flagrant délit d'importation, de tentative ou flagrant délit d'exportation de marchandises par un navire en dehors d'un port ouvert au commerce, la douane marocaine pourra amener le navire au port le plus proche pour être remis à l'autorité consulaire, laquelle pourra le saisir et maintenir la saisie jusqu'à ce qu'il ait acquitté le montant des condamnations prononcées.

La saisie du navire devra être levée en tout état de l'instance, en tant que cette mesure n'entravera pas l'instruction judiciaire, sur consignation du montant maximum de l'amende entre les mains de l'autorité consulaire, ou sous caution solvable de la payer acceptée par la douane.

Art. 92. — Les dispositions des articles précédents seront applicables à la navigation de cabotage.

Art. 93. — Les marchandises non soumises aux droits d'exportation, embarquées dans un port marocain pour être transportées par mer dans un autre port de l'Empire, devront être accompagnées d'un certificat de sortie délivré par la douane, sous peine d'être assujetties au payement du droit d'importation et même confisquées, si elles ne figuraient pas au manifeste.

Art. 94. — Le transport par cabotage des produits soumis au droit d'exportation ne pourra s'effectuer qu'en consignant au bureau du départ, contre quittance, le montant des droits d'exportation relatifs à ces marchandises.

Cette consignation sera remboursée au déposant par le bureau où elle a été effectuée, sur production d'une déclaration, revêtue par la douane, de la mention d'arrivée de la marchandise et de la quittance constatant le dépôt des droits. Les pièces justificatives de l'arrivée de la marchandise devront être produites dans les trois mois de l'expédition. Passé ce délai, à moins que le retard ne provienne d'un cas de force majeure, la somme consignée deviendra la propriété du Makhzen.

Art. 95. — Les droits d'entrée ou de sortie seront payés au comptant au bureau de douane où la liquidation aura été effectuée. Les droits *ad valorem* seront liquidés suivant la valeur au comptant et en gros de la marchandise rendue au bureau de douane et franche des droits de douane et de magasinage. En cas d'avaries, il sera tenu compte dans l'estimation de la dépréciation subie par la marchandise. Les marchandises ne pourront être retirées qu'après le payement des droits de douane et de magasinage. Toute prise en charge ou perception devra faire l'objet d'un récépissé régulier, délivré par l'agent chargé de l'opération.

Art. 96. — La valeur des principales marchandises, taxées par les douanes marocaines, sera déterminée, chaque année, par une commission des valeurs douanières réunies à Tanger et composées de :

1° Trois membres désignés par le Gouvernement marocain;

2° Trois membres désignés par le Corps Diplomatique à Tanger;

3° Un délégué de la Banque d'Etat;

4° Un agent de la Délégation de l'emprunt marocain 5 °/₀ 1904.

La Commission nommera douze à vingt membres honoraires domiciliés au Maroc, qu'elle consultera, quand il s'agira de fixer les valeurs et toutes les fois qu'elle le jugera utile. Ces membres honoraires seront choisis sur les listes des notables, établies par chaque Légation pour les étrangers et par le Représentant du Sultan pour les Marocains. Ils seront désignés, autant que possible, proportionnellement à l'importance du commerce de chaque nation.

La Commission sera nommée pour trois années.

Le tarif des valeurs, fixé par elle, servira de base aux estimations qui seront faites dans chaque bureau par l'administration des douanes marocaines. Il sera affiché dans les bureaux de la douane marocaine et dans les chancelleries des Légations ou des Consulats à Tanger.

Le tarif sera susceptible d'être revisé au bout de six mois, si des modifications notables sont survenues dans la valeur de certaines marchandises.

Art. 97. — Un Comité permanent, dit « Comité

des douanes », est institué à Tanger et nommé pour trois années. Il sera composé d'un Commissaire spécial de Sa Majesté Chérifienne, d'un membre du Corps Diplomatique ou Consulaire désigné par le Corps Diplomatique à Tanger et d'un délégué de la Banque d'Etat. Il pourra s'adjoindre, à titre consultatif, un ou plusieurs représentants du service des douanes.

Ce Comité exercera sa haute surveillance sur le fonctionnement des douanes et pourra proposer à Sa Majesté Chérifienne les mesures qui seraient propres à apporter des améliorations dans le service et à assurer la régularité et le contrôle des opérations et perceptions (débarquements, embarquements, transports à terre, manipulations, entrées et sorties des marchandises, magasinage, estimation, liquidation et perception des taxes). Par la création du Comité des douanes, il ne sera porté aucune atteinte aux droits stipulés en faveur des porteurs de titres par les articles 15 et 16 du contrat d'emprunt du 12 juin 1904.

Des instructions élaborées par le Comité des douanes et les services intéressées détermineront les détails et l'application de l'article 96 du présent acte. Elles seront soumises à l'avis du Corps Diplomatique.

Art. 98. — Dans les douanes où il existe des magasins suffisants, le service de la douane prend en charge les marchandises débarquées à partir du moment où elles seront remises, contre récépissé, par le capitaine du bateau aux agents préposés à l'acconage jusqu'au moment où elles sont régulièrement dédouanées. Il est responsable des dommages causés par les pertes ou avaries de marchandises qui sont imputables à la faute ou à la négligence de ces agents. Il n'est pas responsable des avaries résultant soit du dépérissement naturel de la marchandise, soit de son trop long séjour en magasin, soit des cas de force majeure.

Dans les douanes où il n'y a pas de magasin suffisants, les agents du Makhzen sont seulement tenus d'employer les moyens de préservation dont dispose le bureau de la douane.

Une revision du règlement de magasinage actuellement en vigueur sera effectuée par les soins du Corps Diplomatique statuant à la majorité, de concert avec le Gouvernement chérifien.

Art. 99. — Les marchandises et les moyens de transports à terre confisqués seront vendus par les soins de la douane dans un délai de huit jours à partir du jugement définitif rendu par le tribunal compétent.

Art. 100. — Le produit net de la vente des marchandises et objets confisqués est acquis définitivement à l'Etat, celui des amendes pécuniaires, ainsi que le montant des transactions, seront, après déduction des frais de toute nature, répartis entre le Trésor chérifien et ceux qui auront participé à la répression de la fraude et de la contrebande :

Un tiers à répartir par la douane entre les indicateurs;

Un tiers aux agents ayant saisi la marchandise;

Un tiers au Trésor marocain.

Si la saisie a été opérée sans l'intervention d'un indicateur, la moitié des amendes sera attribué aux agents saisissants et l'autre moitié au Trésor marocain.

Art. 101. — Les autorités douanières marocaines devront signaler directement aux agents diplomatiques ou consulaires les infractions au présent règlement, commises par leurs ressortissants, afin que ceux-ci soient poursuivis devant la juridiction compétente.

Les mêmes infractions, commises par des sujets marocains, seront déférées directement par la douane à l'autorité chérifienne.

Un délégué de la douane sera chargé de suivre la procédure des affaires pendantes devant les diverses juridictions.

Art. 102. — Toute confiscation, amende ou pénalité devra être prononcée pour les étrangers par la juridiction consulaire et, pour les sujets marocains, par la juridiction chérifienne.

Art. 103. — Dans la région frontière de l'Algérie, l'application du présent règlement restera l'affaire exclusive de la France et du Maroc [1].

De même l'application de ce règlement dans le Riff, et en général dans les régions frontières des possessions espagnoles, restera l'affaire exclusive de l'Espagne et du Maroc.

Art. 104. — Les dispositions du présent règlement, autres que celles qui s'appliquent aux péna-

---

1 Cela est conforme aux accords franco-allemands du 8 juillet 1905 et du 28 septembre 1905. Voir aux pages 79 et 82.

lités, pourront être revisées par le Corps Diplomatique à Tanger, statuant à l'unanimité des voix, et d'accord avec le Makhzen, à l'expiration d'un délai de deux ans, à dater de son entrée en vigueur.

CHAPITRE VI

Déclarations relatives aux services publics et aux travaux publics

Art. 105. — En vue d'assurer l'application du principe de la liberté économique sans aucune inégalité, les Puissances signataires déclarent qu'aucun des services publics de l'Empire chérifien ne pourra être aliéné au profit d'intérêts particuliers.

Art. 106. — Dans le cas où le Gouvernement chérifien croirait devoir faire appel aux capitaux étrangers ou à l'industrie étrangère pour l'exploitation de services publics ou pour l'exécution de travaux publics, routes, chemins de fer, ports, télégraphes et autres, les Puissances signataires se réservent de veiller à ce que l'autorité de l'Etat sur ces grandes entreprises d'intérêt général demeure entière.

Art. 107. — La validité des concessions qui seraient faites aux termes de l'article 108, ainsi que pour les fournitures d'Etat, sera subordonnée dans tout l'Empire chérifien au principe de l'adjudication publique sans acceptation de nationalité, pour toutes les matières qui, conformément aux règles suivies dans les législations étrangères, en comportent l'application.

Art. 108. — Le Gouvernement chérifien, dès qu'il aura décidé de procéder par voie d'adjudication à l'exécution des travaux publics, en fera part au Corps Diplomatique; il lui communiquera par la suite le cahier des charges, plans et tous les documents annexés au projet d'adjudication, de manière que les nationaux de toutes les Puissances signataires puissent se rendre compte des travaux projetés et être à même d'y concourir. Un délai suffisant sera fixé à cet effet par l'avis d'adjudication.

Art. 109. — Le cahier des charges ne devra contenir, ni directement ni indirectement, aucune condition ou disposition qui puisse porter atteinte à la libre concurrence et mettre en état d'infériorité les concurrents d'une nationalité vis-à-vis des concurrents d'une autre nationalité.

Art. 110. — Les adjudications seront passées dans les formes et suivant les conditions générales prescrites par un règlement que le Gouvernement chérifien arrêtera avec l'assistance du Corps Diplomatique.

L'adjudication sera prononcée par le Gouvernement chérifien en faveur du soumissionnaire qui, en se conformant aux prescriptions du cahier des charges, présentera l'offre remplissant les conditions générales les plus avantageuses.

Art. 111. — Les règles des articles 106 à 110 seront appliquées aux concessions d'exploitation de forêts de chênes-lièges, conformément aux dispositions en usage dans les législations étrangères.

Art. 112. — Un firman chérifien déterminera les conditions de concession et d'exploitation des mines, minières et carrières. Dans l'élaboration de ce firman, le Gouvernement chérifien s'inspirera des législations étrangères existantes sur la matière.

Art. 113. — Si, dans les cas mentionnés aux articles 106 à 112, il était nécessaire d'occuper certains immeubles, il pourra être procédé à leur expropriation moyennant le versement préalable d'une juste indemnité et conformément aux règles suivantes :

Art. 114. — L'expropriation ne pourra avoir lieu que pour cause d'utilité publique et qu'autant que la nécessité en aura été constatée par une enquête administrative dont un règlement chérifien, élaboré avec l'assistance du Corps Diplomatique, fixera les formalités.

Art. 115. — Si les propriétaires d'immeubles sont sujets marocains, Sa Majesté Chérifienne prendra les mesures pour qu'aucun obstacle ne soit apporté à l'exécution des travaux qu'elle aura déclarés d'utilité publique.

Art. 116. — S'il s'agit de propriétaires étrangers, il sera procédé à l'expropriation de la manière suivante :

En cas de désaccord entre l'administration compétente et le propriétaire de l'immeuble à exproprier, l'indemnité sera fixée par un jury spécial, ou, s'il y a lieu, par arbitrage.

Art. 117. — Ce jury sera composé de six experts estimateurs, choisis : trois par le propriétaire trois par l'administration qui poursuivra l'expropriation. L'avis de la majorité absolue prévaudra.

S'il ne peut se former de majorité, le propriétaire et l'administrateur nommeront chacun un arbitre, et ces deux arbitres désigneront le tiers arbitre.

A défaut d'entente pour la désignation du tiers arbitre, ce dernier sera nommé par le Corps Diplomatique à Tanger.

Art. 118. — Les arbitres devront être choisis sur une liste établie au début de l'année par le Corps Diplomatique et, autant que possible, parmi les experts ne résidant pas dans la localité où s'exécute le travail.

Art. 119. — Le propriétaire pourra faire appel de la décision rendue par les arbitres devant la juridiction compétente et conformément aux règles fixées par la législation à laquelle il ressort.

CHAPITRE VII

Dispositions générales

Art. 120. — En vue de mettre, s'il y a lieu, sa législation en harmonie avec les engagements contractés par le présent Acte général, chacune des Puissances signataires s'oblige à provoquer, en ce qui la concerne, l'adoption des mesures législatives qui seraient nécessaires.

Art. 121. — Le présent Acte général sera ratifié suivant les lois constitutionnelles particulières à chaque Etat; les ratifications seront déposées à Madrid le plus tôt que faire se pourra et, au plus tard, le trente et un décembre mil neuf cent six.

Il sera dressé un dépôt du procès-verbal dont une copie certifiée conforme sera remise aux Puissances signataires par la voie diplomatique.

Art. 122. — Le présent Acte général entrera en vigueur le jour où toutes les ratifications auront été déposées et, au plus tard, le 31 décembre 1906.

Au cas où les mesures législatives spéciales qui, dans certains pays seraient nécessaires pour assurer l'application à leurs nationaux résidant au Maroc de quelques-unes des stipulations du présent Acte général, n'auraient pas été adoptées avant la date fixée pour la ratification, ces stipulations ne deviendraient applicables, en ce qui les concerne, qu'après que les mesures législatives ci-dessus visées auraient été promulguées.

Art. 123 et dernier. — Tous les traités des Puissances signataires avec le Maroc restent en vigueur[1]. Toutefois, il est entendu qu'en cas de conflit entre leurs dispositions et celles du présent Acte général, les stipulations de ce dernier prévaudront.

EN FOI DE QUOI, les Délégués Plénipoten-

1. Par application de cet article, sont restés en vigueur les traités suivants conclus par la France avec le Maroc :

Traité de paix et d'amitié du 28 mai 1767.
Traité de délimitation du 18 mars 1845.
Accord commercial du 24 octobre 1892.
Protocole du 20 juillet 1901.
Accord complémentaire du 20 avril 1902.
Articles additionnels du 7 mai 1902.

tiaires ont signé le présent Acte général et y ont apposé leur cachet.

Fait à Algeciras, le septième jour d'avril, mil neuf cent six, en un seul exemplaire qui restera déposé dans les archives du Gouvernement de Sa Majesté catholique et dont les copies certifiées conformes seront remises par la voie diplomatique aux puissances signataires.

Pour l'Allemagne :	(L. S.)	Joseph de Radowitz.
	(L. S.)	Tattenbach.
Pour l'Aut.-Hong. :	(L. S.)	Welsersheimb.
	(L. S.)	Bolesta-Koziebrodski.
Pour la Belgique :	(L. S.)	Joostens.
	(L. S.)	Cte Conrad de Buisseret.
Pour l'Espagne :	(L. S.)	El Duque de Almodovar Del Rio.
	(L. S.)	J. Pérez-Caballero.
Pour les E. U. d'Amérique :	(L. S.)	Henry White.
	(L. S.)	Samuel R. Gummeré.
Pour la France :	(L. S.)	Révoil.
	(L. S.)	Regnault.
Pour la G.-Bretagne :	(L. S.)	A. Nicolson.
Pour l'Italie :	(L. S.)	Visconti-Venosta.
	(L. S.)	G. Malmusi.
Pour le Maroc :		
Pour les Pays-Bas :	(L. S.)	H. Testa.
Pour le Portugal :	(L. S.)	Conde de Tovar.
	(L. S.)	Conde de Martens-Ferrao
Pour la Russie :	(L. S.)	Cassini.
	(L. S.)	Basile de Bachera.
Pour la Suède :	(L. S.)	Robert Sager.

Protocole additionnel

Au moment de procéder à la signature de l'Acte général de la Conférence d'Algeciras, les délégués d'Allemagne, d'Autriche-Hongrie, de Belgique, d'Espagne, des Etats-Unis d'Amérique, de France, de la Grande-Bretagne, d'Italie, des Pays-Bas, de Portugal, de Russie et de Suède.

Tenant compte de ce que les Délégués du Maroc ont déclaré ne pas être en mesure, pour le moment d'y apposer leur signature, l'éloignement ne leur permettant pas d'obtenir à bref délai la réponse de Sa Majesté Chérifienne concernant les points au sujet desquels ils ont cru devoir lui en référer;

S'engagent réciproquement, en vertu de leurs mêmes pleins pouvoirs, à unir leurs efforts en vue de la ratification intégrale par Sa Majesté Chérifienne dudit Acte général, et en vue de la mise en vigueur simultanée des réformes qui y sont prévues et qui y sont solidaires les unes des autres.

Ils conviennent en conséquence, de charger Son Excellence M. Malmusi, ministre d'Italie au Maroc et Doyen du Corps Diplomatique à Tanger, de faire les démarches nécessaires à cet effet, en appelant l'attention de Sa Majesté le Sultan sur les grands avantages qui résulteront pour Son Empire des stipulations adoptées à la Conférence par l'unanimité des Puissances signataires.

L'adhésion donnée par Sa Majesté Chérifienne à l'Acte général de la Conférence d'Algéciras devra être communiquée, par l'intermédiaire du

Gouvernement de Sa Majesté Catholique aux Gouvernements des autres Puissances signataires. Cette adhésion aura la même force que si les Délégués du Maroc eussent apposé leur signature sur l'Acte général et tiendra lieu de ratification par Sa Majesté Chérifienne [1].

EN FOI DE QUOI, les délégués d'Allemagne, d'Autriche-Hongrie, de Belgique, d'Espagne, des États-Unis d'Amérique, de France, de la Grande-Bretagne, d'Italie, des Pays-Bas, de Portugal, de Russie et de Suède ont signé le présent protocole additionnel et y ont apposé leur cachet.

Fait à Algeciras, le septième jour d'avril, mil neuf cent six, en un seul exemplaire, qui sera déposé dans les archives du Gouvernement de Sa Majesté Catholique, et dont les copies certifiées conformes seront remises par la voie diplomatique aux puissances signataires.

(Suivent les signatures transcrites plus haut.)

---

1. Le gouvernement marocain a adhéré à l'acte d'Algeciras à la date du 18 juin 1906.

Livre jaune 1906. *Protocoles et comptes rendus de la Conférence d'Algésiras*, p. 296.

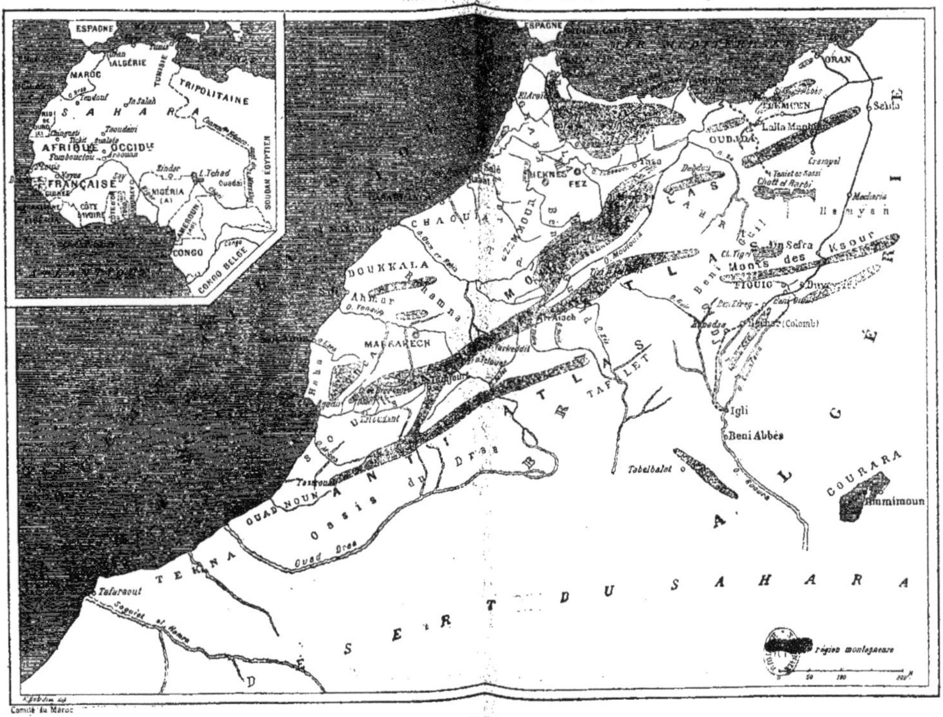

CARTE DU MAROC

TABLE DES MATIÈRES

Pages

SECTION II

Pages

SECTION III

CARTES

1. Le cliché de cette carte nous a été gracieusement prêté par le Comité du Maroc, auquel nous adressons tous nos remerciements.

Limoges. — Imp. Ducourtieux et Gout, 7, rue des Arènes

www.ingramcontent.com/pod-product-compliance
Ingram Content Group UK Ltd.
Pitfield, Milton Keynes, MK11 3LW, UK
UKHW031857260826
14628UKWH00002B/830

9 782014 104004